Créer des objets en

papier mâché

Collection
Atelier Major
FLEURUS IDÉES

Créer des objets en papier mâché

MARION ELLIOT

Editions Fleurus, 11, rue Duguay-Trouin 75006 Paris

AUX ÉDITIONS FLEURUS :

Collection Atelier
Je dessine
Je peins
J'imprime
Je fabrique des cadeaux
Je photographie, du pocket au reflex
Je filme en vidéo

Collection Atelier Major
Dessiner et peindre les personnages
Dessiner et peindre les animaux
Créer des objets en papier mâché

Traduction française : Olivier Meyer
Titre original en langue anglaise : *Papier-mâché, project book*
Photographies : Ian Howes

Dépôt légal : février 1995
ISBN 2-215-02025-3
Imprimé à Singapour

SOMMAIRE

QU'EST-CE QUE LE PAPIER MÂCHÉ ?

Chaque année, des millions de tonnes de papier sont détruites, qui pourraient être recyclées de bien des manières et servir à égayer les meilleurs instants de ta vie. Le papier mâché est une des techniques originales pour créer des objets décoratifs à partir de ce matériau destiné à finir à la poubelle. Pour fabriquer ces objets, tu as deux méthodes possibles : faire une pâte que tu mettras dans un moule, ou coller les unes sur les autres plusieurs couches de papier.

Avec la première méthode, tu devras faire tremper des petits morceaux de papier dans l'eau jusqu'à ce qu'ils se désagrègent. Ensuite, tu devras remuer pour obtenir une sorte de bouillie, essorer pour extraire l'eau, et mélanger à de la colle (la colle à bois PVA délayée dans l'eau est particulièrement recommandée). Cette pâte, tu l'appliqueras ensuite au fond d'un moule préalablement graissé. Mais elle

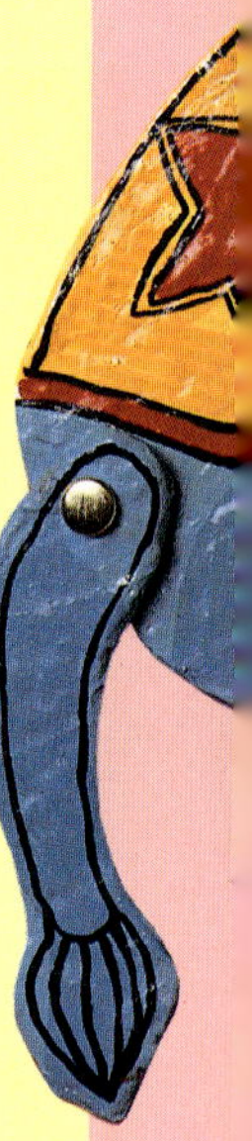

te servira parfois pour les détails de certains objets obtenus par superposition de couches. Si tu as besoin seulement d'une petite quantité de pâte, tu écraseras simplement entre tes doigts un morceau de papier imbibé de colle.

Dans ce livre, la méthode des couches superposées est la plus utilisée car elle te permet d'obtenir un matériau très léger mais très dur. Plus de vingt réalisations te sont proposées. Elles te permettront de te familiariser avec le papier mâché avant de te lancer dans tes propres créations. Les deux premiers chapitres présentent le matériel et les techniques du papier mâché. Les autres te montrent comment réaliser des décorations, des jouets, des bijoux, des boîtes et des cadres, des assiettes, des coupes, etc.

Avant de commencer, tu dois lire attentivement les deux premiers chapitres pour être plus à l'aise avec le matériel et les techniques. Tu seras peut-être un peu dérouté au début, mais très vite tu comprendras la simplicité du papier mâché et tu deviendras très créatif !

LES PRÉPARATIFS

Ce qu'il te faut

Papier

Tout d'abord, c'est une évidence, il te faut du papier. Tous les papiers peuvent servir, mais selon celui que tu utiliseras, tu obtiendras des résultats très différents. Rassemble tout ce que tu trouveras chez toi (papier journal, papier pour imprimante, papier kraft ou d'emballage, et même les pages d'un vieil annuaire) et fais des essais. Plus le papier sera fin et léger et plus tu obtiendras des surfaces lisses.

Pour la méthode des couches superposées, qui consiste à coller des bandelettes les unes par-dessus les autres, le papier journal est préférable. Tu en trouveras très facilement. Pour faire de la pâte avec des petits morceaux de papier imbibés d'eau et de colle, tous les papiers peuvent te servir, même des boîtes à œufs. Les seuls matériaux à ne pas prendre sont les papiers couverts d'un produit résistant à l'eau : tu les reconnaîtras parce qu'ils sont plus brillants et rigides que les autres. En règle générale, plus le papier utilisé est fin et blanc, meilleure est la pâte. Après plusieurs essais, tu trouveras la pâte qui te convient le mieux.

Colle

La meilleure pour toi sera la colle cellulosique pour papier peint. Elle se prépare facilement avec de l'eau froide, elle se conserve quelque temps dans un récipient bien fermé, elle ne tache pas les vêtements et elle se lave facilement. Tu peux aussi utiliser de la colle à bois PVA (acétate polyvinylique ou colle blanche), que tu dois diluer dans deux fois son volume d'eau. Elle sèche plus vite que la colle à papier peint et elle est aussi plus résistante. Mais tu dois faire attention car, si tu la renverses ou si tu te taches en la préparant, les marques ne s'effaceront plus de tes vêtements, de la moquette ou des tissus d'ameublement quand la colle aura séché. Si tu es maladroit, ne l'utilise pas. Dans les deux cas, choisis impérativement une colle qui ne soit pas dangereuse (non toxique). En plus de la colle PVA non diluée utilisée pour assembler des morceaux de carton, plusieurs réalisations nécessitent une colle forte transparente et non toxique.

CONSEIL...

Lorsque tu appliques le papier mâché en couches, utilise des couleurs différentes pour chaque couche de papier. Tu verras mieux les endroits où il manque du papier et tu éviteras les irrégularités.

Matériel

Avec le papier et la colle, tu auras besoin de **règles** et de **pinceaux**. Les règles en plastique sont parfaites pour mesurer et reporter les mesures. Mais pour découper une ligne droite avec un cutter, il faut utiliser une règle métallique (une règle en plastique serait abîmée par la lame).

Pour préparer la colle, choisis un **saladier** ou une **bassine en plastique** qui ne sert pas pour la cuisine ou la vaisselle.

Le **cutter** – surtout les modèles à lame rigide – est très utile pour découper le carton. Mais il faut que tu sois prudent car la lame est très tranchante. Demande toujours à un adulte de t'aider.

Avec la **vaseline**, tu graisseras le moule avant d'y appliquer le papier. Cette préparation te permettra d'isoler le moule du papier et de démouler facilement la forme en papier mâché après séchage (comme un gâteau !).

La **pâte à modeler** est très utile pour confectionner des grands objets en volume : une tête de marionnette par exemple. Tu fabriques la tête en pâte à modeler que tu recouvres ensuite de plusieurs couches de papier encollé. Tu laisses sécher le papier mâché, puis tu coupes la tête en deux. Tu retires la pâte à modeler, puis tu réunis les deux demi-têtes avec des bandes de papier recouvertes de colle. Tu feras les reliefs du visage (nez et oreilles par exemple) après, avec de la pâte à papier.

Le **couteau à palette**, dont la lame est large et plate, est très utile pour décoller le papier mâché sec de son moule, et pour racler la pâte à modeler restée collée à l'intérieur.

La **grille à gâteaux** métallique te servira pour le séchage car elle permet la circulation de l'air. Une fois sèches, les pièces sont faciles à retirer.

Les **ciseaux** sont pratiques pour découper des formes dans du carton mince. Mais ne les utilise pas pour préparer les bandelettes : il faut toujours les déchirer.

Tu décoreras les formes en papier mâché avec de la **gouache** : la gamme des couleurs est très vaste. **L'encre de Chine** noire te servira à souligner certains détails. Choisis de la gouache et de l'encre non toxiques.

Tu devras souvent utiliser le **ruban-cache** pour consolider un assemblage de morceaux de carton collés. Lorsque la colle a pris, tu peux retirer l'adhésif, mais si tu le laisses en place, la solidité sera plus grande.

Dans plusieurs réalisations, le **carton** sert à construire l'armature. On utilise deux types de carton : pour les pièces importantes (le théâtre de marionnettes par exemple), le **carton ondulé épais** t'est recommandé car il évite les déformations ; le **carton mince** te sera conseillé pour réaliser les petites pièces (décorations de Noël, bijoux...). Pour le carton épais, récupère dans les magasins des caisses en carton bien propres et pas abîmées.

Pour de nombreuses réalisations de ce livre, on te fait appliquer un vernis transparent qui embellit et unifie la surface. Utilise un vernis non toxique comme le vernis acrylique ou le vernis polyuréthanne (vendus dans les boutiques de décoration). Comme pour toutes les peintures, colles et encres que tu utiliseras, demande conseil aux vendeurs spécialisés. Si tu utilises un vernis diluable au white-spirit, demande à un adulte de t'aider (le white-spirit peut être un produit dangereux).

Techniques

Avant de commencer, lis attentivement toutes les instructions et prends connaissance du temps qu'il te faut. Certaines étapes nécessitent en effet un séchage prolongé.

Déchirer le papier

La longueur et la largeur des bandes de papier changeront en fonction de l'objet que tu fabriqueras. Pour de grandes surfaces planes, une largeur de 7 à 8 cm est suffisante. Avant de déchirer le papier, il faut connaître le sens de la fibre. Pour le trouver, tu déchires un petit morceau de papier dans un sens, puis dans l'autre. Le sens dans lequel il se déchire le plus facilement est celui de la fibre : dans un journal, c'est en général de haut en bas. Ne découpe jamais les bandelettes avec des ciseaux. Même après avoir décoré le papier mâché, le bord resterait trop visible.

Déchire le papier dans le sens de la fibre, comme sur l'image du haut. Regarde ce qui se passe lorsqu'on déchire le papier dans le mauvais sens (image du bas) !

CONSEIL...

Le papier journal est plein d'encre et salit très vite les mains. Après avoir déchiré du papier journal, lave-toi les mains très soigneusement.

L'encollage

Étale de la colle sur les deux faces des bandes de papier. Pour appliquer la colle, tu peux utiliser tes doigts ou un pinceau. Si tu en mets trop, l'objet mettra trop de temps à sécher. Quand ce travail est terminé, on dit que le papier est « encollé ».

CONSEIL...

Pour éviter les taches, recouvre la table ou le plan de travail de vieux journaux ou d'une feuille de plastique. Le plastique est plus pratique, car tu peux l'essuyer avec une éponge.

Les moules

Beaucoup d'objets peuvent servir de moule pour le papier mâché. Les saladiers, les assiettes et les plats sont parfaits. Avant utilisation, mets toujours de la vaseline sur le moule. Sinon, tu auras beaucoup de mal, après séchage, à décoller la forme en papier mâché. Le carton ne sert pas de moule mais plutôt pour renforcer des objets, en le recouvrant de bandelettes de papier. Lorsque plusieurs épaisseurs ont été superposées, tu obtiens un objet très solide.

Le séchage

Le temps de séchage d'un objet dépend de sa taille et du nombre d'épaisseurs de papier encollé que tu as appliqué. En général, une journée et une nuit (24 heures) suffisent pour une forme en carton recouverte de deux ou trois épaisseurs de papier. Mais un ballon gonflable recouvert de huit épaisseurs peut mettre trois jours à sécher (dans ce cas, tu peux utiliser une armoire sèche-linge).

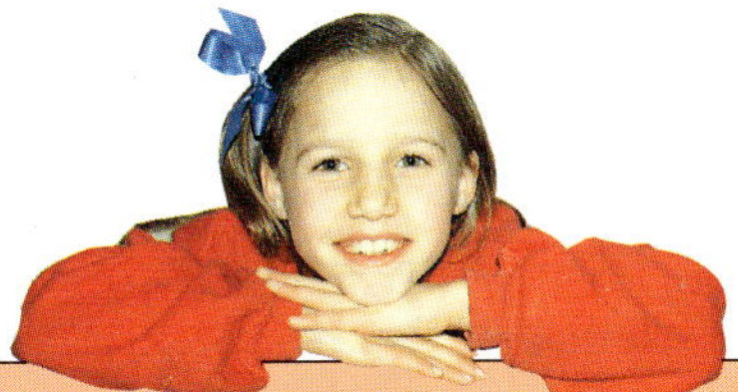

CONSEIL...

Mets un tablier en plastique ou une salopette. Le papier mâché est une activité très salissante !

Le ponçage

Lorsque le papier encollé est bien sec, frotte légèrement la surface de ton objet au papier de verre très fin. Cela éliminera toutes les irrégularités et la surface à peindre sera plus lisse.

L'enduit

Pour pouvoir peindre ton objet, il faut d'abord le couvrir de peinture blanche. Cet enduit masquera complètement les textes imprimés dans le journal et rendra les couleurs plus lumineuses. Laisse complètement sécher la première couche avant d'appliquer la seconde. Sinon, tu risques d'obtenir d'affreuses craquelures. Si c'est le cas, laisse sécher la peinture, ponce de nouveau au papier de verre et recommence. Utilise toujours de la peinture non toxique.

La décoration

Après l'avoir préparé, tu peux décorer le papier mâché avec de la gouache. Tu dois délayer la peinture dans un peu d'eau, et deux couches seront probablement nécessaires pour obtenir une couleur assez soutenue. Utilise de l'encre de Chine noire (de préférence non toxique), indélébile, pour souligner les contours. Applique-la avec un pinceau fin.

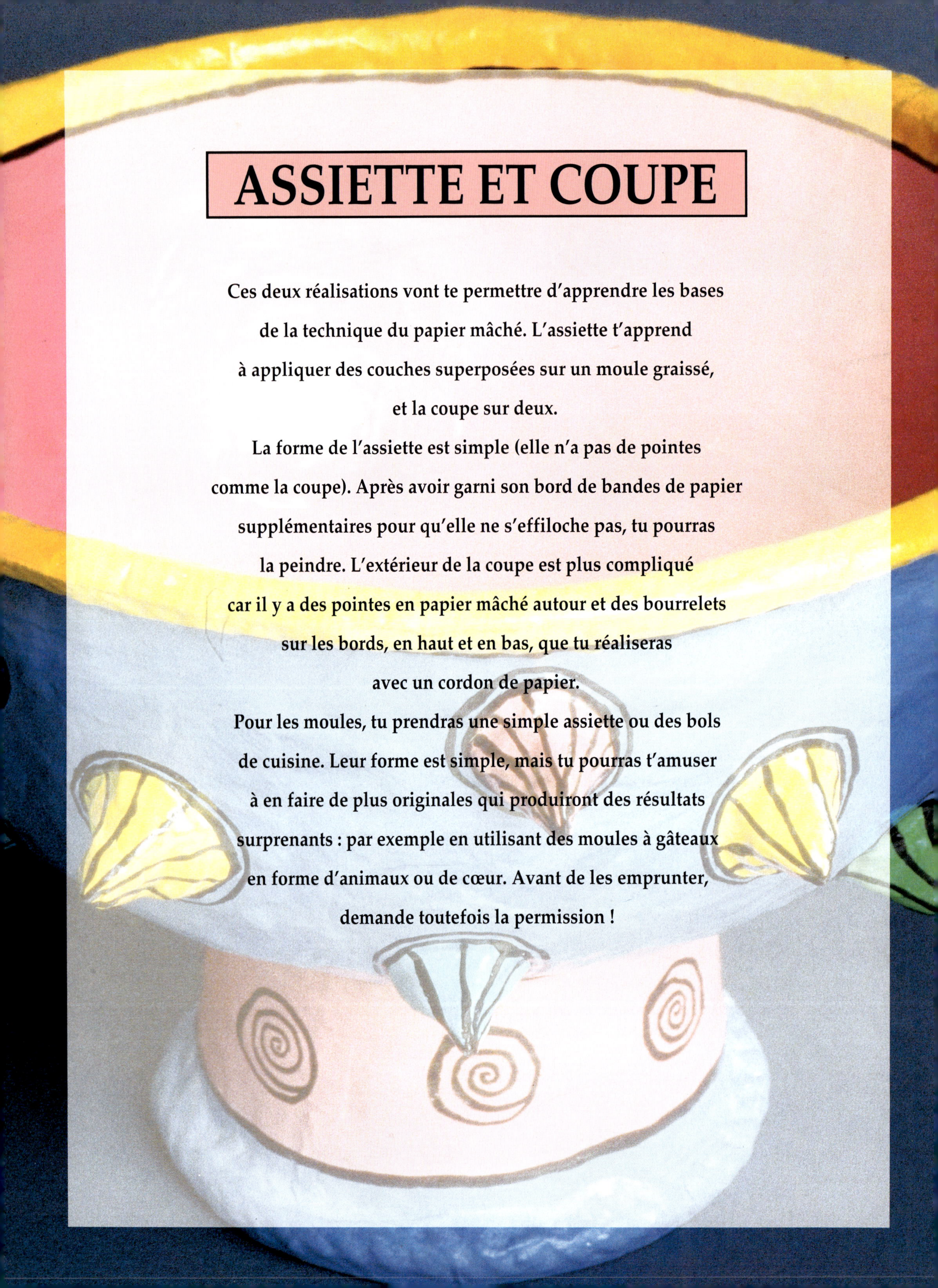

ASSIETTE ET COUPE

Ces deux réalisations vont te permettre d'apprendre les bases de la technique du papier mâché. L'assiette t'apprend à appliquer des couches superposées sur un moule graissé, et la coupe sur deux.

La forme de l'assiette est simple (elle n'a pas de pointes comme la coupe). Après avoir garni son bord de bandes de papier supplémentaires pour qu'elle ne s'effiloche pas, tu pourras la peindre. L'extérieur de la coupe est plus compliqué car il y a des pointes en papier mâché autour et des bourrelets sur les bords, en haut et en bas, que tu réaliseras avec un cordon de papier.

Pour les moules, tu prendras une simple assiette ou des bols de cuisine. Leur forme est simple, mais tu pourras t'amuser à en faire de plus originales qui produiront des résultats surprenants : par exemple en utilisant des moules à gâteaux en forme d'animaux ou de cœur. Avant de les emprunter, demande toutefois la permission !

L'assiette

Cette réalisation très simple te permettra de comprendre le principe du papier mâché. La technique utilisée est celle des couches superposées : tu appliques plusieurs épaisseurs de bandelettes de papier enduites de colle, qui formeront après séchage une coque très rigide.

Tu pourras décorer l'assiette en papier avec des peintures de couleurs gaies et la protéger avec deux couches de vernis. Tu ne devras pas mettre de l'eau dedans ou des aliments humides. Mais tu pourras poser des fruits. Elle peut également servir à décorer un mur. Pourquoi alors ne pas choisir sa couleur en fonction du décor de la pièce !

MATÉRIEL

Assiette en plastique • Vaseline • Papier • Colle à papier peint ou colle à bois PVA diluée • Couteau à bout rond ou couteau à palette • Ciseaux • Papier de verre fin • Gouaches • Encre de Chine noire • Vernis brillant transparent

Réalisation de l'assiette

1 Étale sur l'assiette qui te sert de moule une fine couche de vaseline : tu pourras plus facilement décoller le papier mâché après séchage. Déchire des bandelettes de papier larges de 2,5 cm et assez longues pour dépasser chaque bord de l'assiette de 3 cm.

1

2 Mets de la colle sur les deux faces d'une bandelette. Applique-la au fond du moule en évitant les bulles d'air (s'il y en a, chasse-les en appuyant dessus). Prépare d'autres bandes et recouvre le reste de l'assiette avec. Chaque bande doit chevaucher légèrement la précédente.

2

3

3 Lorsque le moule est complètement recouvert, applique une seconde couche, perpendiculaire à la première. Cette méthode donnera une meilleure solidité à ton assiette. Superpose 8 couches comme cela, puis laisse sécher pendant 48 heures dans un endroit sec et chaud.

4 Lorsque le papier recouvrant l'assiette est sec, détache-le soigneusement avec un couteau à palette ou un couteau à bout rond en partant du bord. La présence de vaseline doit faciliter le démoulage. Si le fond de l'assiette en papier est encore humide, laisse-le sécher pendant quelques heures dans un endroit sec.

5 Lorsque l'assiette est sèche, fais un rebord régulier en découpant avec des ciseaux le papier mâché qui dépasse (à 5 mm du bord).

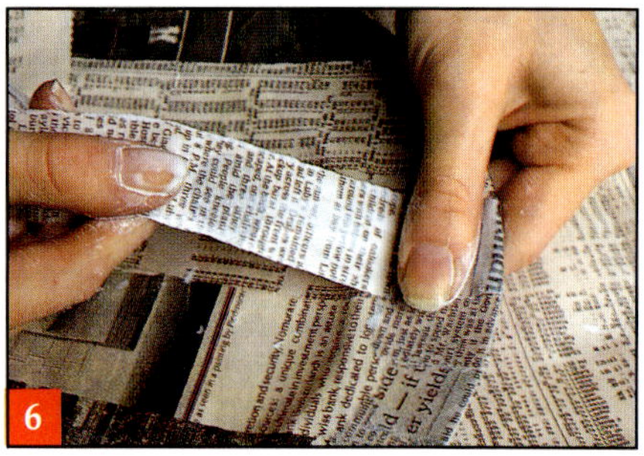

6 Pour renforcer le bord de l'assiette, il faut le recouvrir de petits morceaux de papier encollé. Déchire une bandelette de 2,5 cm de large et enduis-la de colle. Applique l'extrémité de cette bande sous le bord de l'assiette et rabats-la sur le devant de l'assiette en serrant fort. Déchire 1 cm après le pli. Prépare d'autres bandelettes, fais tout le tour, puis laisse sécher jusqu'au lendemain sur une grille à gâteaux.

7 Ponce l'assiette au papier de verre fin, en faisant très attention au bord, qui est parfois irrégulier. Lorsque la surface est bien lisse, applique deux couches de peinture blanche. Attends que la première soit sèche avant d'appliquer la seconde. Après la seconde couche, laisse sécher pendant 1 heure.

CONSEIL...

N'essaye pas de faire sécher le papier mâché au soleil. Il risque de se gondoler !

8 Dessine les motifs au crayon et commence à appliquer la couleur. Pour obtenir une teinte soutenue, tu devras probablement appliquer deux couches. N'oublie pas de peindre le dos de l'assiette !

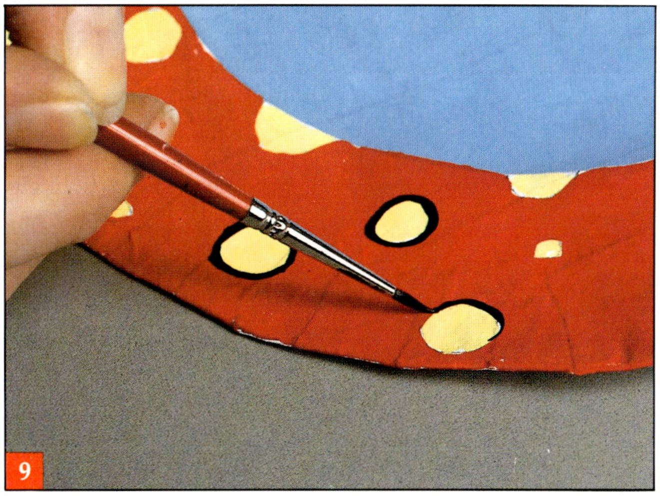

9 Laisse ta peinture sécher pendant 4 heures, puis souligne les motifs à l'encre de Chine noire. Laisse sécher une nuit entière.

10 Pour protéger la peinture, il faut appliquer deux couches de vernis. Tu seras sans doute obligé d'attendre que le dessus de l'assiette soit sec avant de pouvoir vernir le dessous. Avant de passer la seconde couche, attends que la première soit complètement sèche. Lorsque tu auras terminé, n'oublie pas de nettoyer ton pinceau à l'eau savonneuse.

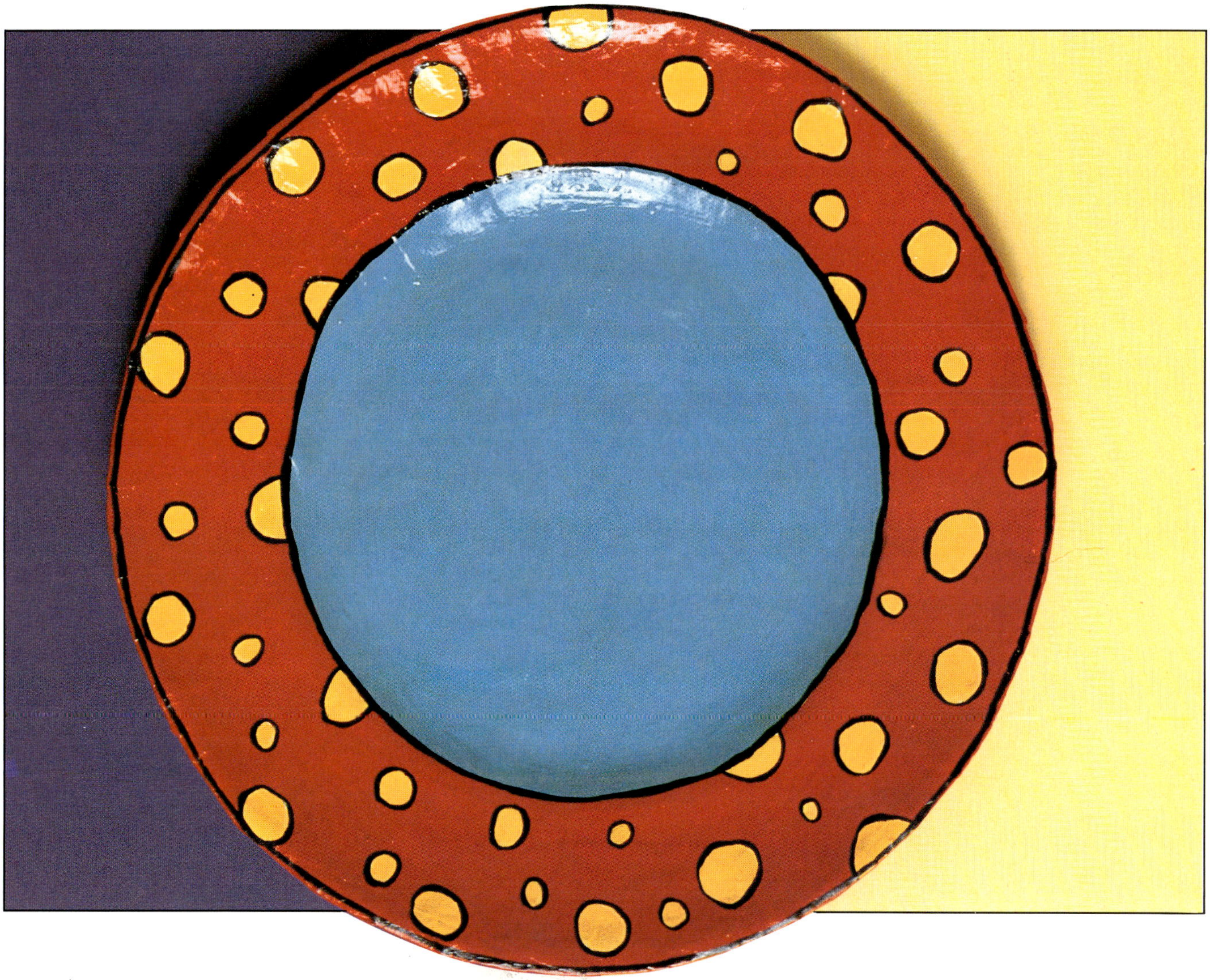

La coupe à pied

La réalisation de cette coupe permet d'expérimenter les techniques de base du papier mâché et l'assemblage de deux parties. Le bol de la partie supérieure est réalisé par superposition de bandelettes de papier dans un moule recouvert de vaseline. Le pied est réalisé à partir d'un moule plus petit. Les deux éléments sont réunis par des bandes de papier encollé et les rebords sont épaissis par du cordon recouvert de bandelettes de papier.

MATÉRIEL

Deux bols en plastique (environ 20 cm et 8 cm de diamètre) • Colle à papier peint ou colle PVA diluée • Couteau à bout rond • Ciseaux • Cordon (ganse qui ne rétrécit pas) • Crépon adhésif • Colle à bois PVA • Papier de verre fin • Gouaches • Encre de Chine noire • Vernis brillant transparent

La coupe est fabriquée sur un bol en plastique de 20 cm de diamètre, et le pied sur un pot en plastique plus petit (pot de crème fraîche par exemple). Avant de commencer, vérifie que les deux éléments sont bien proportionnés (le pied ne doit pas être plus haut ou plus large que la coupe).

Tu décoreras la coupe avec des petites pointes en pâte à papier disposées régulièrement à l'extérieur et peintes de couleurs vives. C'est l'avantage de la pâte à papier. Elle permet de rajouter de nombreuses décorations sur des formes simples. La coupe pourra contenir toutes sortes d'objets, et même des fruits (à condition que leur couleur s'harmonise avec celle du décor), mais n'y dépose jamais des aliments humides : elle s'abîmerait.

Réalisation de la coupe

1

1 Étale de la vaseline sur l'intérieur du bol en plastique pour faciliter le démoulage du papier mâché après séchage. Prépare des bandelettes de papier larges de 2,5 à 4 cm, et assez longues pour déborder de 3 cm de chaque côté. Encolle les bandelettes et applique-les en appuyant fortement, jusqu'à recouvrir entièrement l'intérieur du bol. Chaque bande doit chevaucher légèrement la précédente. Pour éviter les plis, n'hésite pas à disposer les bandes en éventail.

2

2 Lorsque la première couche est terminée, commence la deuxième en disposant les bandelettes perpendiculairement à la première couche. Applique 8 épaisseurs au total, puis laisse sécher pendant 48 heures.

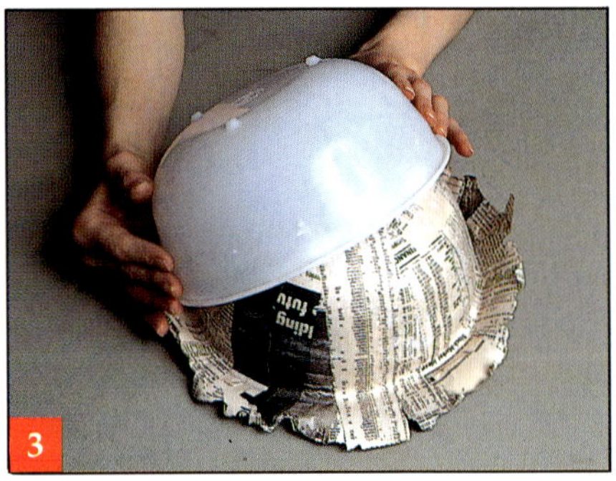

3

3 Lorsque la surface est sèche, détache le papier mâché du bord du moule en glissant délicatement le bout du couteau à palette entre les deux. Dépose le bol en papier mâché sur une grille à gâteaux, et laisse sécher quelques heures dans un endroit sec et tiède.

4 Il faut maintenant "finir" les rebords pour éviter qu'ils ne se déchirent. Avec une paire de ciseaux, découpe le papier qui dépasse à 5 mm du bord du bol environ.

5 Prépare une bandelette de papier de 2,5 cm de largeur, enduis-la de colle, puis applique une extrémité un peu à l'intérieur du bol, rabats la bande de l'autre côté et déchire à 1 cm sous le bord. Recommence avec d'autres bandelettes jusqu'à ce que tout le bord soit recouvert.

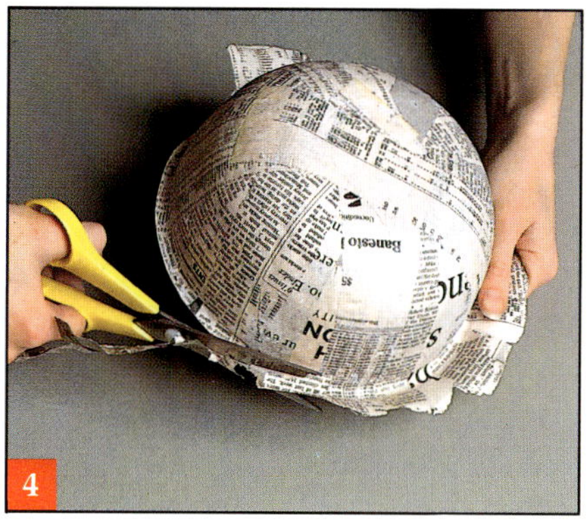

6 Laisse sécher, puis enroule un morceau de cordon sous le rebord du bol. Coupe à la bonne longueur. Avec du ruban-cache, réunis les deux extrémités du cordon, puis maintiens-le à plusieurs endroits. Ensuite, recouvre le cordon exactement de la même manière que le bord du bol. Cette fois pourtant, superpose trois épaisseurs de papier encollé. Laisse sécher 24 heures.

Réalisation du pied

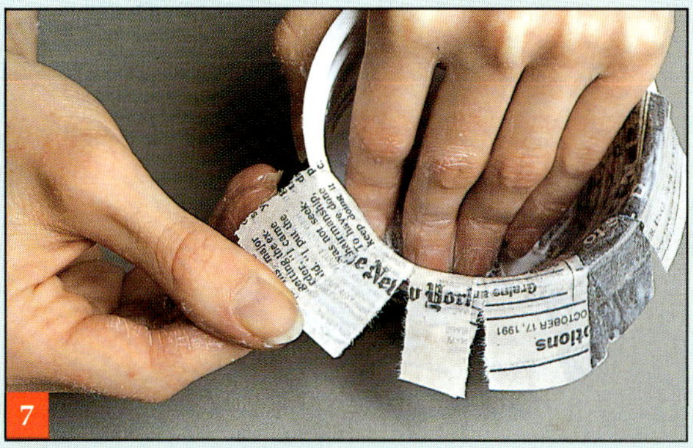

7 Étale de la vaseline sur l'intérieur du moule, et dispose les bandelettes de la même manière que dans le bol. Huit épaisseurs sont nécessaires. Applique chacune selon un angle différent de la précédente. Laisse sécher 48 heures avant de démouler.

8 Coupe le bord, puis garnis-le de petits morceaux de papier, comme aux étapes 4 et 5. Laisse sécher puis installe le cordon, comme à l'étape 6. Recouvre-le de trois couches de papier mâché. Laisse sécher pendant 24 heures.

Assemblage de la coupe et du pied

9 Étale de la colle PVA non diluée sur le sommet du pied, puis applique le pied sur le bol. Consolide la jointure avec de l'adhésif et laisse sécher pendant quelques heures. Enroule un morceau de cordon autour de la jointure (a), fixe-le avec de l'adhésif et recouvre de trois couches de papier encollé (b). Laisse sécher pendant 24 heures.

10 Lorsque la coupe est complètement sèche, tu peux (si tu le veux) la décorer avec de petites pointes en pâte à papier. Pour fabriquer ces pointes, tu trempes des bandelettes de papier (2,5 cm de large et 20 cm de long) dans de la colle et tu les roules en boulettes entre tes doigts. Puis tu formes la base large et la pointe.

11 Appuie fortement chaque boulette sur le flanc de la coupe pour la faire tenir. Pour donner à ces pointes une surface lisse, colle par-dessus des petits morceaux de papier. Laisse sécher pendant 24 heures.

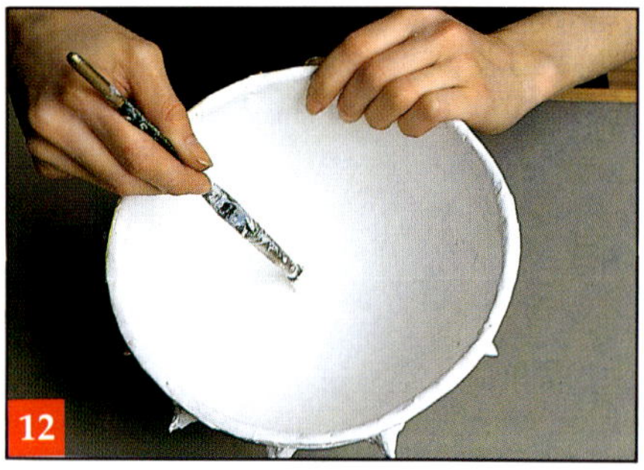

12 Après séchage, ponce la coupe au papier de verre fin et enduis-la de deux couches de peinture blanche. Avant d'appliquer la seconde couche, attends patiemment le séchage de la première.

13 Peins les bourrelets des cordons d'une couleur contrastant avec le reste de la coupe. Deux couches seront probablement nécessaires pour masquer le blanc du fond. Tu peux appliquer les couleurs de ton choix sur les pointes décoratives.

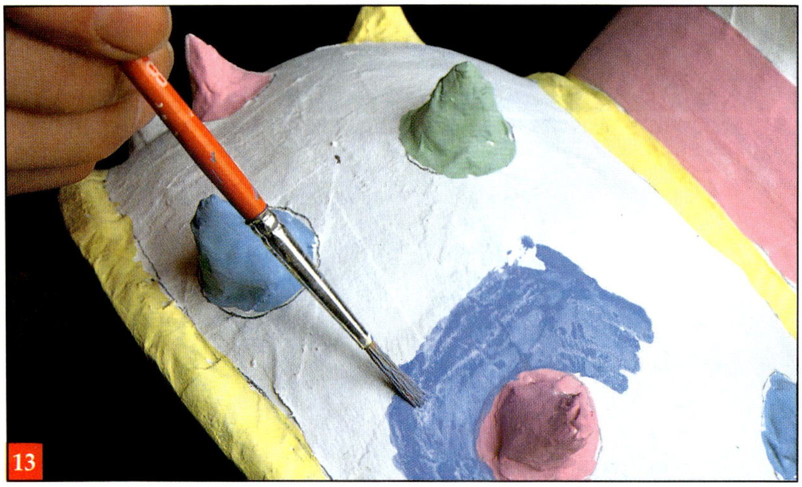

14 Laisse sécher la peinture pendant 3 à 4 heures, et dessine à l'encre de Chine, avec un pinceau fin, les cernes noirs soulignant le dessin. Laisse sécher la coupe pendant 24 heures.

15 Applique sur toute la surface de la coupe deux couches de vernis transparent. Laisse bien sécher la première couche avant d'appliquer la seconde. Après, n'oublie pas de nettoyer ton pinceau à l'eau savonneuse.

LES BIJOUX

Le papier mâché permet de fabriquer de nombreux bijoux de toutes les tailles : petites broches et boucles d'oreilles, mais aussi colliers et bracelets. Fabrique-toi une collection de bijoux de différentes couleurs, et porte-les selon ton humeur. Tous se fabriquent avec les techniques de base du papier mâché que nous avons expliquées dans les pages précédentes. En combinant les méthodes, tu pourras réaliser des bijoux étonnants. Ils feront de très jolis cadeaux d'anniversaire, ou pour Noël, la fête des Mères ou toute autre occasion. Les membres de ta famille et tes amis seront très heureux de recevoir un cadeau réalisé spécialement pour eux.

Tu peux bien entendu personnaliser les bijoux en écrivant un nom ou un message sur une broche, un collier ou un bracelet, en fonction de l'événement ou du costume.

Pour la finition de certains bijoux, il te faudra divers accessoires : épingles de broches, clips à oreilles, attaches de colliers, etc. Ils ne coûtent pas cher, et tu peux les acheter dans les boutiques spécialisées. Si tu as les oreilles percées, achète des attaches en argent ou en or. Elles sont plus chères, mais sans risque d'allergie.

Boucles d'oreilles

La forme de ces jolies boucles d'oreilles est assortie à celle du collier marguerite présenté page 30. Tu peux donc les réaliser en même temps, et les décorer de la même manière. Ces boucles d'oreilles sont de grande taille mais très légères. Tu peux même les agrandir, sans risquer de les alourdir. D'autres motifs sont très jolis, comme les poissons, les cœurs et les étoiles. Lorsque tu auras assimilé la technique, essaye de réaliser plusieurs paires. Les boucles d'oreilles sont attachées par des clips, petites pinces collées sur l'envers avec de la colle forte.

MATÉRIEL

Papier-calque • Carré de carton mince (10 cm de côté) • Cutter ou ciseaux • Papier • Colle à papier peint ou colle PVA diluée • Papier de verre fin • Gouaches • Encre de Chine noire • Vernis brillant transparent • Colle PVA pure • 2 paires de crochets et œilletons « de jonction » pour boucles d'oreilles • Colle forte transparente • 1 paire de clips d'oreilles • Petite pince

MODÈLES POUR LES BOUCLES *(Carton mince)*

Réalisation des boucles d'oreilles

1 Décalque les formes des boucles d'oreilles à partir des modèles ci-dessus, puis reporte-les sur le carton (les deux fleurs et les deux disques).

2 Découpe le carton au cutter ou avec des ciseaux en suivant bien les formes des fleurs et des disques. **Si tu utilises un cutter, demande l'assistance d'un adulte** (la lame est très coupante). Enduis tes formes découpées de colle PVA diluée. Laisse sécher pendant 4 heures sur une grille à gâteaux.

CONSEIL...

Les couteaux et les cutters sont des instruments dangereux. Il faut toujours tenir avec précaution l'objet à découper, et couper en éloignant la lame de toi. Le mieux et de demander l'aide d'un adulte.

3

4

3 Recouvre les fleurs et les disques de trois épaisseurs de bandelettes encollées (larges de 12 mm environ et longues de 5 cm). Applique très soigneusement le papier autour des pétales, de façon à obtenir une surface très lisse. Laisse sécher pendant 24 heures sur une grille à gâteaux.

4 Lorsque les formes sont complètement sèches, ponce-les soigneusement au papier de verre fin et enduis-les de deux couches de peinture blanche. Avant d'appliquer la seconde couche, attends le séchage de la première. Dessine le centre de la fleur en rose. Les autres détails seront peints à l'encre de Chine par-dessus la gouache.

5

6

5 Peins les pétales en bleu ciel. Après séchage, applique une couche de violet, en laissant des taches de bleu apparaître. Sur les deux disques, applique deux couches de jaune. Lorsque la peinture est terminée, laisse sécher pendant 4 heures.

6 Avec un pinceau fin, dessine soigneusement à l'encre de Chine les contours noirs des pétales et les spirales des disques. Laisse sécher jusqu'au lendemain, puis applique une couche de vernis sur les parties décorées. Laisse sécher (faces vernies au-dessus) sur une grille à gâteaux, puis vernis l'autre côté et laisse de nouveau sécher. Applique une seconde couche de la même façon.

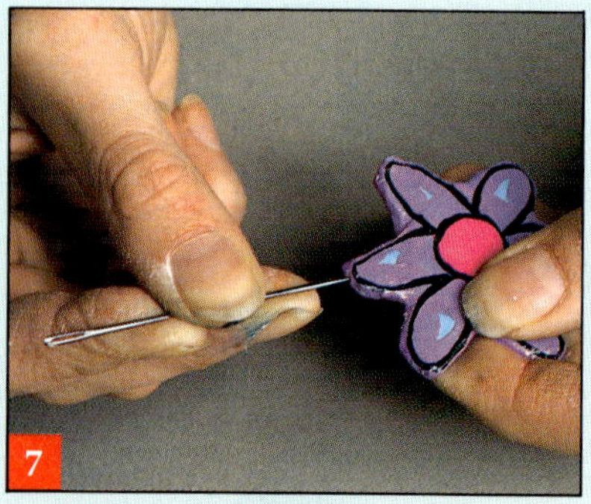

7

7 Lorsque la seconde couche de vernis est sèche, perce un petit trou avec une aiguille au sommet d'un pétale de chaque fleur et sur le bord de chaque disque. Dépose une gouttelette de colle PVA pure dans chaque trou. Enfonce un crochet dans chaque trou de pétale, et un œilleton dans chaque trou de disque.

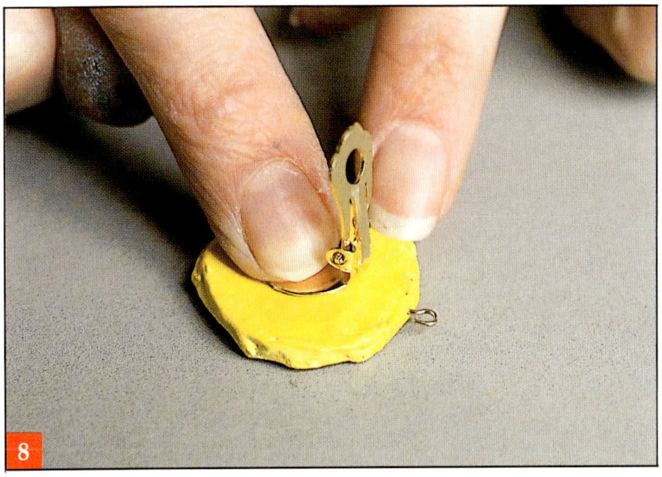

8 Avec de la colle forte, fixe un clip d'oreille sur l'envers de chaque disque, en appuyant fortement. Laisse sécher pendant une nuit entière.

9 Accroche l'œilleton du disque au crochet de la fleur, et referme l'ouverture du crochet avec une petite pince. Tu peux porter tes boucles d'oreilles !

Bracelets

Selon ton goût, tu peux réaliser des bracelets très simples ou très ornementés. Fabrique-les et décore-les spécialement pour les grandes occasions, ou porte-les tous les jours. Voici deux exemples faciles à réaliser et portables en toute occasion. Que préfères-tu : un simple anneau orné d'une panthère et de beaux motifs aux couleurs vives, ou un bracelet en fleur joliment décoré ?

MATÉRIEL

Papier-calque • Un carré de carton ondulé épais (environ 20 cm de côté) par anneau • Cutter • Papier • Colle à papier peint ou colle PVA diluée • Papier de verre fin • Gouaches • Encre de Chine noire • Vernis brillant transparent • Colle forte transparente • Petits morceaux de papier métallisé et coloré découpés dans des emballages de bonbons.

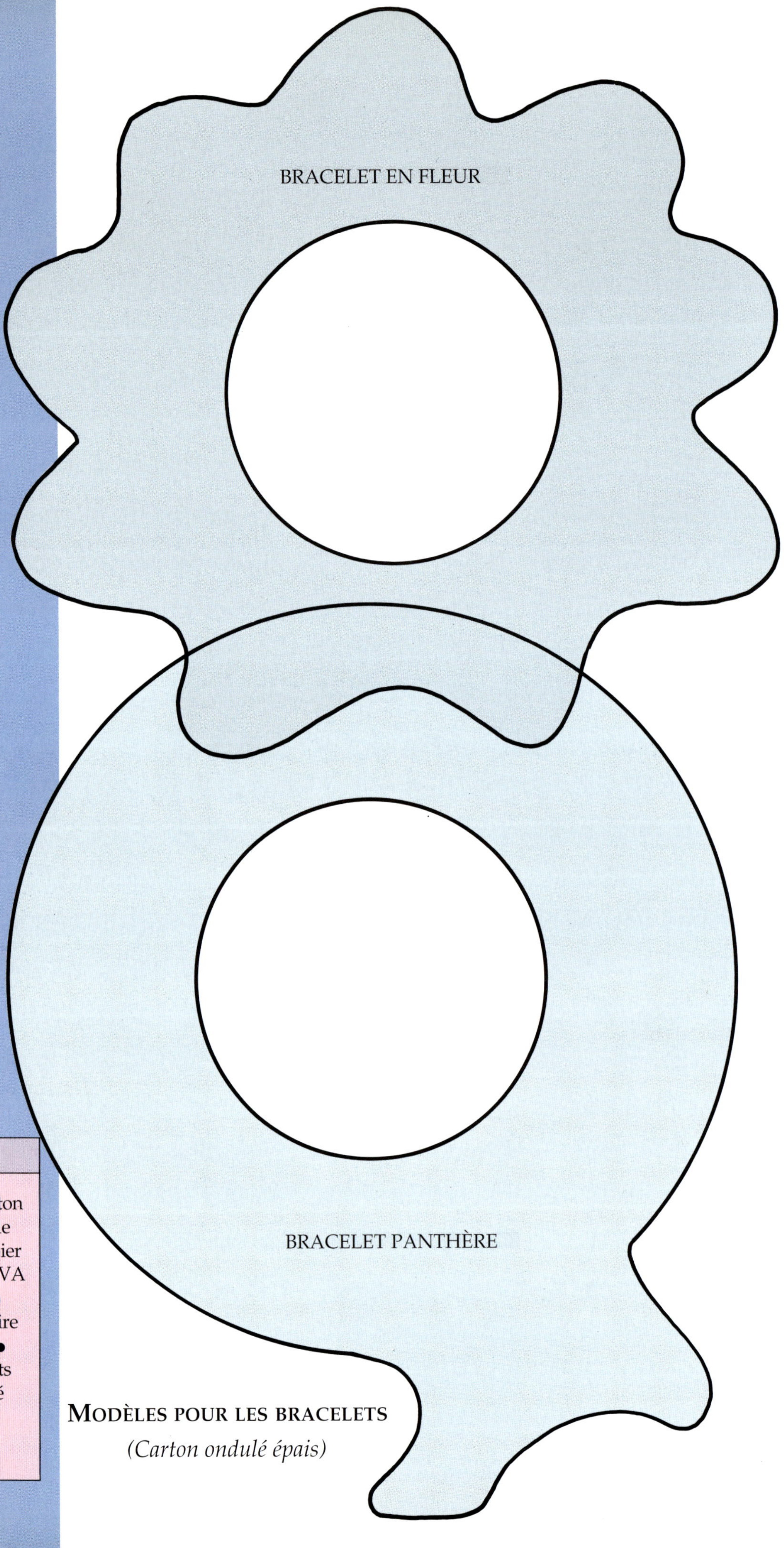

Modèles pour les bracelets
(Carton ondulé épais)

Tu peux peindre ton bracelet d'une couleur unie puis coller de fausses pierres précieuses. L'effet sera somptueux. Tu peux utiliser de minuscules fragments de miroir, mais à condition de faire très attention de ne pas te couper les doigts avec les bords tranchants ! Tu peux aussi créer un relief avec de la pâte à papier. Tu peux enfin réaliser un bracelet assorti au collier marguerite de la page 30, mais il faudra faire des perles plus petites, adaptées à la taille de ta main.

Réalisation des bracelets

1

1 Décalque le modèle de ton choix (ci-contre), et reporte la forme sur le carton épais. Découpe-la au cutter, puis découpe un cercle au milieu. Demande à un adulte de t'aider. Si tu as choisi le bracelet à bord ondulé, sois très précis. Enduis la forme en carton de colle PVA diluée, puis laisse sécher pendant 4 heures sur une grille à gâteaux.

2

2 Lorsque c'est sec, recouvre la forme de trois épaisseurs de papier encollé. Pour obtenir un bel arrondi, il faut que les bandelettes de papier se chevauchent très régulièrement, surtout sur le bord intérieur où la courbe est très prononcée (prends ton temps, et utilise des bandelettes plus petites). Lorsque le bracelet est recouvert, laisse sécher pendant 24 heures sur une grille à gâteaux.

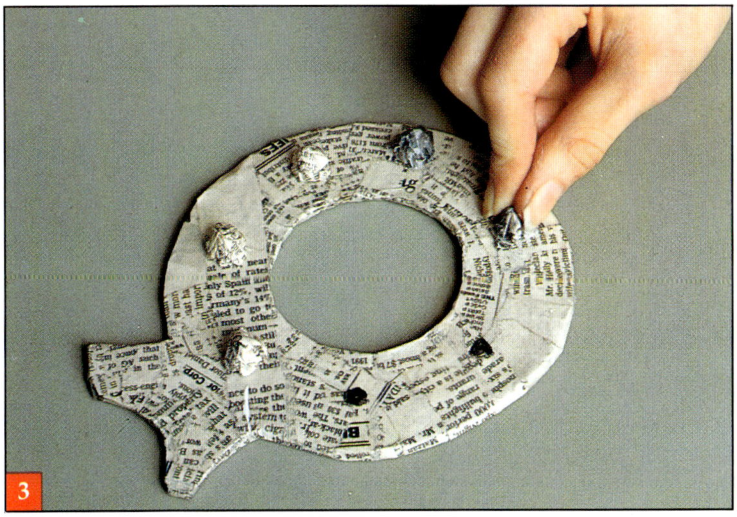

3

3 Ponce soigneusement la surface au papier de verre fin. À ce stade, tu peux, si tu le désires, ajouter des reliefs décoratifs en pâte à papier. Pour fabriquer ces reliefs, prépare une bandelette de papier large de 2,5 cm et longue d'environ 12 cm. Enduis de colle ses deux faces, puis roule-la en boulette entre tes doigts. Pour le bracelet panthère, marque avec un crayon six points autour de l'anneau, à intervalle régulier. Puis applique fortement la boulette sur le premier point. Recommence avec les cinq autres. Laisse sécher pendant 24 heures sur une grille à gâteaux.

4 Lorsque c'est sec, ponce soigneusement la surface au papier de verre fin, puis applique deux couches de peinture blanche. Avant d'appliquer la seconde couche, attends patiemment le séchage de la première.

5 Tu peux dessiner sur cette forme les motifs que tu veux (ici, une panthère). Tu appliqueras ensuite la couleur.

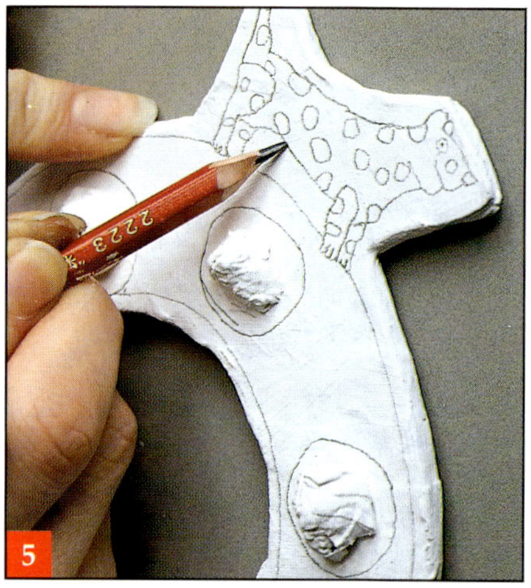

6 Le jaune et le brun du bracelet panthère rappellent la fourrure de l'animal.

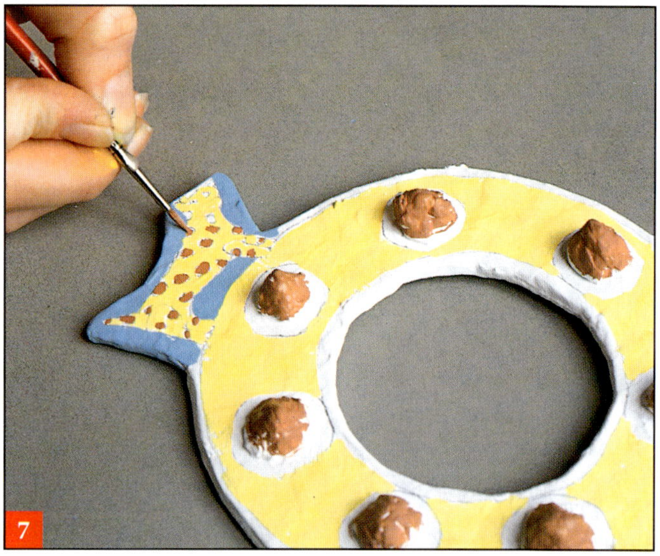

7 Applique partout une seconde couche de peinture pour obtenir des couleurs plus soutenues.

8 Peins les détails, puis, avec un pinceau fin, dessine les contours à l'encre de Chine noire comme sur la photo 9.

9 Laisse sécher pendant 24 heures, puis applique deux couches de vernis transparent.

Bracelet à fleurs à bord ondulé

10 Pour le bracelet à fleur à bord ondulé, passe une seule couleur sur le fond (deux couches). Après séchage, applique une couche de vernis transparent, puis laisse de nouveau sécher. Pour réaliser les décorations de la photo, étale de la colle transparente sur chaque pétale, puis colle de petits morceaux de papier métallisé coloré (papiers de bonbons par exemple). Après séchage, décore l'autre face. Applique ensuite une dernière couche de vernis, et laisse sécher pendant 24 heures.

Collier

Après les boucles d'oreilles et les bracelets, tu peux compléter ta collection avec ce magnifique collier très léger. Il est de couleurs vives, mais rien ne t'empêche, si tu désires un collier plus discret, d'utiliser des couleurs plus douces. Tu peux aussi mélanger les perles en papier mâché avec des perles en bois, en argile ou en verre. La marguerite est un des nombreux pendentifs possibles. Si elle ne te plaît pas, tu peux la remplacer par une autre fleur ou un motif de ton choix.

MATÉRIEL

Pâte à modeler (environ 500 g) • Papier • Colle à papier peint ou colle PVA diluée • Papier-calque • Carré de carton mince (10 cm de côté) • Ciseaux • Cutter • Couteau à palette • Colle PVA pure • Ruban-cache • Papier de verre fin • Gouaches • Encre de Chine noire • Vernis brillant transparent • Aiguille à repriser • Œilleton à vis (vis de 5 mm) • 70 cm d'élastique noir fin • Perles d'espacement (facultatif)

MODÈLE POUR LA FLEUR *(Carton mince)*

CONSEIL...

Si la pâte à modeler est trop dure, roule-la quelques instants entre les paumes de tes mains. Si elle est trop molle (par exemple lorsqu'il fait très chaud), fais-la durcir en la laissant pendant une heure au réfrigérateur.

Réalisation du collier

1 Roule huit boulettes de pâte à modeler de taille croissante (les plus petites de 2,5 cm de diamètre et les plus grosses de 4 cm). Prépare de fines bandelettes de papier journal (larges de 12 mm et longues de 5 cm). Encolle-les, puis recouvre les boulettes en faisant se chevaucher largement les bandelettes.

2 Lorsque chaque boulette est recouverte de 5 couches de papier, lisse la surface en la roulant entre les paumes de ta main. Laisse sécher pendant 48 heures sur une grille à gâteaux.

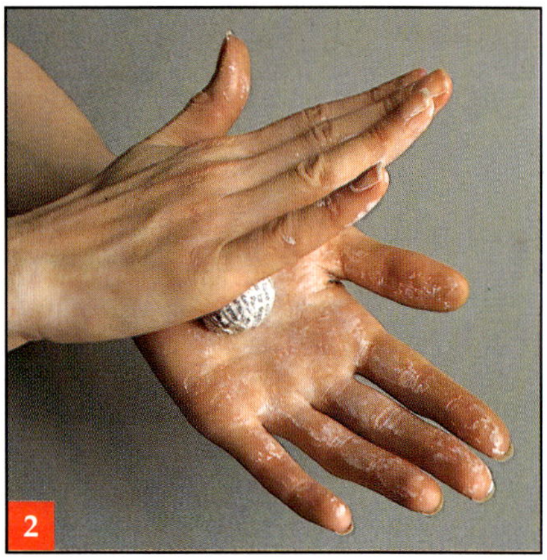

3 Pendant ce temps, décalque la forme de fleur ci-contre et reporte-la sur un carton fin. Découpe-la avec des ciseaux, puis enduis-la de colle PVA pour éviter qu'elle ne se gondole. Laisse sécher pendant 2 à 3 heures, puis recouvre de 3 couches de fines bandelettes de papier encollé. Laisse sécher pendant 24 heures sur une grille à gâteaux.

3

4 Après séchage complet, coupe les perles en deux au cutter. **Demande l'aide d'un adulte**. Avant de retirer la pâte à modeler, attends 1 heure. La pâte durcira en surface et tu risqueras moins de déchirer le papier mâché au moment de la séparation.

5 Avec la lame d'un couteau à palette, retire délicatement la pâte à modeler des coques de papier. Laisse sécher le papier pendant 12 heures.

4

5

6 Enduis de colle PVA les bords des deux coques en papier mâché. Reconstitue les perles en réunissant les coques, et maintiens-les serrées en posant de petits morceaux de ruban-cache à la jointure. Laisse sécher la colle quelques instants et, sans enlever le ruban-cache à la jointure, recouvre cet endroit de fines bandelettes de papier encollé (une seule épaisseur suffit). Laisse sécher pendant 24 heures.

6

7 Lorsque les perles et la fleur sont sèches, ponce-les au papier de verre fin. Applique deux couches de peinture blanche. Avant d'appliquer la seconde couche, attends patiemment le séchage de la première.

7

8 Tu peux maintenant décorer les pièces du collier. Tu es libre de choisir tes propres dessins et tes couleurs. Mais si tu veux suivre notre modèle, tu dois d'abord appliquer une couche de couleur claire. Après séchage, applique une seconde couche, plus sombre ou d'une couleur différente. Sur la photo, la première couche (bleue) n'est pas complètement recouverte par la seconde (violette), ce qui donne des taches plus claires (tu feras plus tard la spirale à l'encre de Chine, quand les couches de bleu et de violet seront bien sèches).

9 Pour la fleur, choisis deux couleurs rappelant celles des perles. Sur les pétales, peins d'abord un fond rose clair, puis recouvre avec un rose plus foncé, mais pas à tous les endroits. Cela fera une fleur plus animée. Applique toujours deux couches, même si tu recouvres complètement la première. Avant d'appliquer la seconde couche, attends le séchage de la première.

10 Lorsque la peinture est sèche, dessine les contours de la fleur (cœur et pétales) à l'encre de Chine noire avec un pinceau fin. Accentue la rondeur des perles en peignant des spirales noires. Pour travailler proprement, peins une moitié de chaque perle à la fois. Attends quelques minutes avant de continuer sur l'autre moitié. Quand tout est fini, laisse sécher pendant 24 heures.

11 Applique sur toutes les pièces deux couches de vernis transparent. Avant d'appliquer la seconde couche, attends patiemment le séchage de la première. Pour éviter que les perles ne collent sur le plan de travail, ne vernis qu'une moitié à la fois.

12 Pour assembler le collier, perce un trou avec une aiguille au sommet d'un pétale de la fleur. Dépose un peu de colle dans le trou, puis enfonce soigneusement l'œilleton. Laisse sécher. Pendant ce temps, prépare l'élastique noir (70 cm) en glissant une extrémité dans le trou de l'aiguille (le chas) et en faisant un nœud à l'autre extrémité. Pour l'étape suivante, tu auras peut-être besoin d'un adulte.

13 Enfonce l'aiguille dans une perle en papier mâché et fais-la ressortir de l'autre côté. Tire l'aiguille pour faire passer l'élastique. Ajoute éventuellement deux perles d'espacement. Enfile de nouveau une perle en papier mâché, et ainsi de suite. Lorsque la moitié des perles est en place (quatre pour notre modèle), introduis l'élastique dans l'œilleton de la fleur. Installe ensuite le reste des perles. Coupe l'élastique 5 cm après la dernière perle. Fais un nœud avec l'autre extrémité. Ton collier est terminé.

Broche

Les couleurs vives de cette petite poule vont rehausser ton blouson ou ton pull. Ce bijou aura beaucoup de succès ! La forme est découpée dans un morceau de carton, puis recouverte de petites bandelettes de papier encollé. Les modèles de la fleur pour les boucles d'oreilles (page 23), ou du poisson pour le mobile (page 86), peuvent également être montés en broche.

MODÈLE POUR LA BROCHE *(Carton épais)*

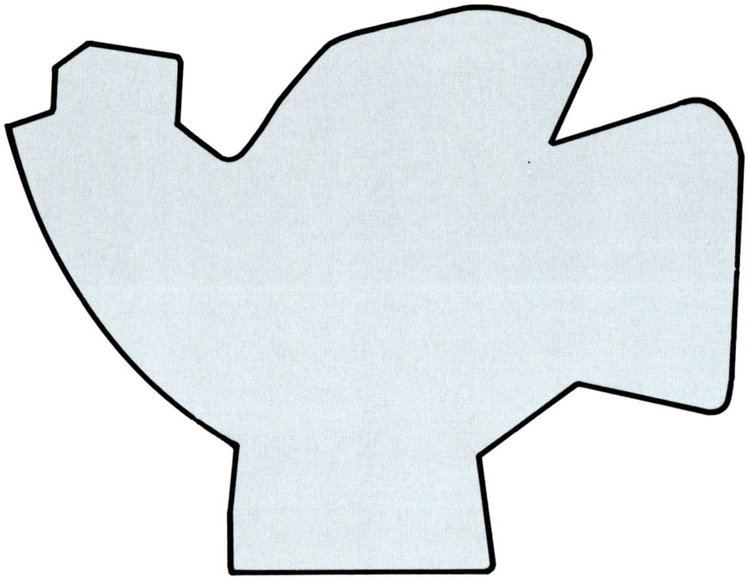

Réalisation de la broche

1 Décalque la forme de la poule ci-dessus et reporte-la sur un carton épais. Découpe-la avec des ciseaux, et enduis-la de colle PVA. Laisse sécher pendant 4 heures sur une grille à gâteaux.

2 Commence à recouvrir la forme de bandelettes de papier encollé (12 mm de large et 7,5 cm de long). Recouvre très soigneusement les bords pour que la broche soit bien lisse. Applique trois couches de cette façon-là et laisse-la sécher pendant 24 heures sur une grille à gâteaux.

1

2

MATÉRIEL
Papier-calque • Morceau de carton épais (10 x 12,5 cm) • Ciseaux • Papier • Colle à papier peint ou colle PVA diluée • Papier de verre fin • Gouaches • Encre de Chine noire • Vernis brillant transparent • Épingle à broche • Colle forte transparente

3 Ponce soigneusement la surface au papier de verre fin, puis applique deux couches de peinture blanche. Avant d'appliquer la seconde couche, attends patiemment le séchage de la première.

4 Lorsque la peinture blanche est sèche, dessine les détails de la poule au crayon.

5 Colorie en appliquant deux couches de peinture pour chaque couleur.

6 Laisse sécher pendant 4 heures. Avec un pinceau fin, dessine les contours à l'encre de Chine noire. Laisse sécher jusqu'au lendemain. Applique sur toute la surface deux couches de vernis transparent. Avant d'appliquer la seconde couche, attends patiemment le séchage de la première. N'oublie pas de nettoyer ton pinceau à l'eau savonneuse.

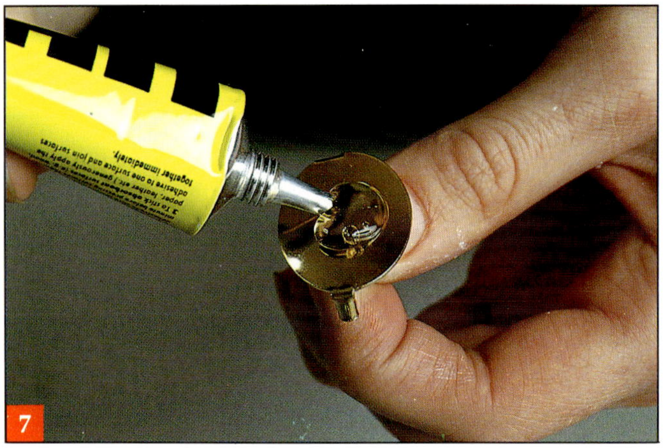

7 Quand le vernis est bien sec, applique un point de colle forte sur le dos de l'épingle à broche.

8 Place l'épingle sur l'envers de la broche (à environ un tiers de la hauteur en partant du sommet) et appuie fort. Attends 24 heures avant de porter ta broche.

LES BOÎTES

Les boîtes en papier mâché sont une tradition ancienne au Cachemire, au nord de l'Inde. Elles sont souvent magnifiquement décorées de scènes représentant des animaux et des cavaliers. Les fleurs sont également un motif très répandu. Ces boîtes du Cachemire sont faites de nombreuses épaisseurs de papier comprimées par martelage et séchées au soleil.

Les boîtes présentées dans ce chapitre sont dans l'esprit de celles du Cachemire, mais elles sont en carton recouvert de bandelettes de papier encollé. Le plumier n'est pas une boîte, mais il figure ici parce qu'il permet aussi de ranger des objets. Les autres boîtes sont simples de forme. Deux types de fermeture sont possibles : une charnière en tissu ou un couvercle muni d'un rebord s'ajustant dans l'ouverture de la boîte. Tu peux donner à chaque boîte la taille et la forme de ton choix, aménager de multiples compartiments intérieurs pour ranger tes trésors, ton courrier, tes papiers... Pour Noël et les anniversaires, tu peux confectionner des boîtes à cadeaux !

Boîte à bijoux

Cette petite boîte est décorée de papier argenté et de "pierres précieuses" en verre. C'est une autre façon de décorer le papier mâché : le recouvrir plutôt que le peindre. Tu peux bien entendu remplacer les pierres précieuses par des paillettes, utiliser un papier métallisé de couleur à la place du papier argenté, ou un papier décoratif autocollant.

MODÈLE POUR LA BOÎTE *(Carton épais)*

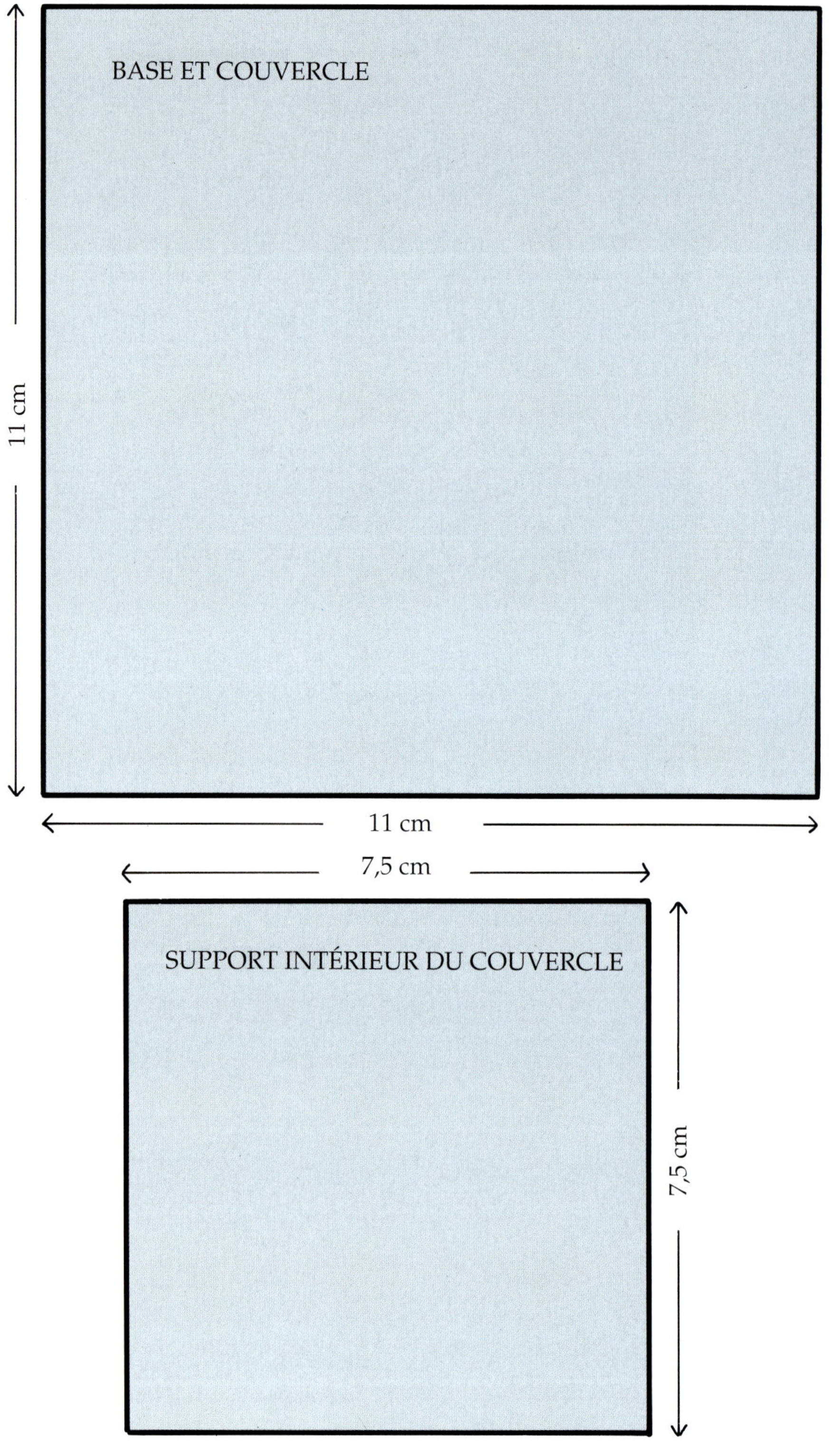

MATÉRIEL
Morceau de carton ondulé épais (33 x 28 cm) • Cutter • Colle PVA • Ruban-cache • Colle à papier peint ou colle PVA diluée • Papier • Papier de verre fin • Papier argenté • Colle forte transparente • « Pierres précieuses » en verre de toutes les couleurs

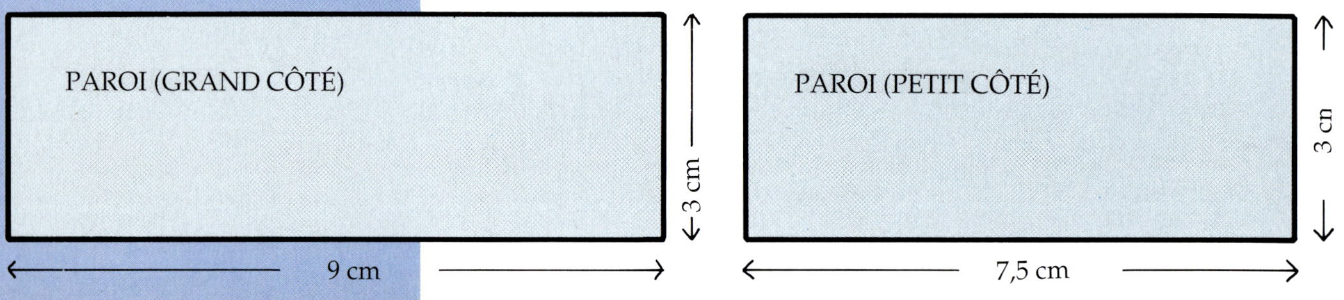

Réalisation de la boîte à bijoux

1 Reporte les dimensions des modèles de la page 38 sur un carton ondulé épais. Découpe chaque partie. Assemble les parois des grands et des petits côtés avec du ruban-cache. Enduis de colle PVA le dessous du rectangle ainsi formé, et colle-le sur la base de la boîte. Maintiens parois et base avec du ruban-cache. Colle ensuite le support intérieur du couvercle sous le couvercle. Maintiens-les avec du ruban-cache. Laisse sécher pendant quelques heures, puis enduis la boîte et le couvercle de colle PVA diluée. Laisse sécher jusqu'au lendemain.

2 Recouvre la boîte et le couvercle de trois couches de papier encollé. Utilise des bandelettes d'environ 2,5 cm de largeur. Laisse sécher pendant 24 heures sur une grille à gâteaux.

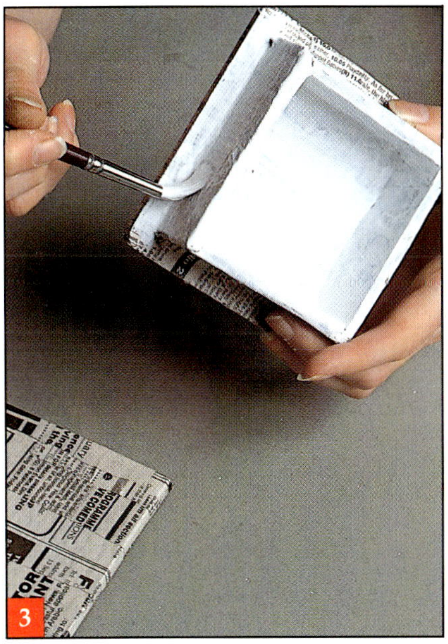

3 Ponce soigneusement les surfaces sèches au papier de verre fin, puis applique deux couches de peinture blanche. Cette peinture n'apparaîtra pas mais elle sert à lisser le couvercle et la boîte. Laisse sécher pendant 3 à 4 heures.

4 Lorsque la peinture est sèche, tu peux recouvrir le couvercle et la boîte de papier argenté. Entoure les parois de la boîte d'une longue bande de papier argenté. Tapisse la base, le couvercle et l'intérieur de la boîte avec des feuilles taillées avant aux dimensions de chaque pièce. Prévois des rabats pour recouvrir la tranche des morceaux de carton. N'hésite pas à faire un essai avant de coller définitivement. Utilise de la colle forte transparente.

5 Laisse sécher pendant une heure ou deux avant d'ajouter les « pierres précieuses ». Fais différents essais de dispositions et de couleurs avant de les coller définitivement. Lorsque tu as fait ton choix, dépose un peu de colle forte sous chaque bille de verre, et applique-la fermement sur le papier métallisé. Laisse sécher la boîte pendant 24 heures avant de l'utiliser.

Plumier

Le plumier peut servir à ranger un porte-plume, des stylos et des crayons, mais aussi des ciseaux, des élastiques ou des trombones. Grâce à lui, ton bureau restera bien ordonné. Il peut également servir à ranger un nécessaire à couture, des peintures et des pinceaux. Si tu fabriques des parois plus hautes, tu pourras en faire une boîte pour ranger ton courrier. Tu peux également ajouter des cloisons à l'intérieur ou augmenter sa taille en fonction de tes besoins. Pour la décoration, tu es également très libre. Pourquoi ne pas en confectionner plusieurs avec des couleurs, des formes et des aménagements différents ?

CONSEIL...

Carton découpé dans une caisse • Cutter • Papier • Colle PVA • Ruban-cache • Papier de verre fin • Colle à papier peint ou colle PVA diluée • Gouaches • Encre de Chine noire • Vernis brillant transparent

MODÈLE POUR LE PLUMIER *(Carton ondulé épais)*

Réalisation du plumier

1 Dessine sur le carton ondulé épais les formes de la base des parois et de la cloison. Respecte bien les mesures indiquées page 41.

2 **Demande l'aide d'un adulte** pour découper les formes au cutter (la lame est très dangereuse !). Découpe les bords droits en t'aidant d'une règle métallique.

3 Assemble les quatre parois du plumier à angle droit. Colle-les avec de la colle PVA et renforce les jointures avec des morceaux de ruban-cache. Enduis de colle PVA le dessous du rectangle ainsi formé, et colle-le sur la base de la boîte. Renforce les jointures avec du ruban-cache.

4 Enduis de colle PVA les côtés et le dessous de la cloison, puis glisse la cloison au centre du plumier. Renforce avec du ruban-cache.

5 Enduis maintenant l'ensemble de colle PVA diluée. Laisse sécher pendant 4 heures.

6 Après séchage, recouvre toutes les parties du plumier de trois épaisseurs de papier encollé. Utilise des bandelettes de 2,5 cm de largeur et de 15 cm de longueur. Enfonce bien le papier dans les angles et les creux pour obtenir des lignes nettes. Pour recouvrir la cloison dont le sommet est dentelé, utilise des bandelettes plus petites (12 mm de largeur et 5 cm de longueur). Laisse sécher pendant 24 heures.

7 Lorsque le plumier est sec, ponce soigneusement les surfaces au papier de verre fin, puis applique deux couches de peinture blanche. Avant d'appliquer la seconde couche, attends le séchage de la première. Après, dessine au crayon tes motifs décoratifs. Représente par exemple les objets destinés à garnir ton plumier. Tu peux aussi peindre des motifs abstraits (pois, rayures, etc.) avec de belles couleurs vives, ou inscrire ton nom en lettres fantaisie.

8 Lorsque le dessin est terminé, peins avec les couleurs de ton choix. N'oublie pas de décorer le dessous du plumier !

9 Pour obtenir un beau résultat, tu devras appliquer deux couches de peinture pour chaque couleur. Avant d'appliquer la seconde couche, attends le séchage complet de la première. Après séchage, souligne les contours à l'encre de Chine.

10 Laisse sécher jusqu'au lendemain, puis applique sur tous les côtés deux couches de vernis transparent. Avant d'appliquer la seconde couche, attends patiemment le séchage de la première. N'oublie pas de nettoyer ton pinceau à l'eau savonneuse avant de le ranger.

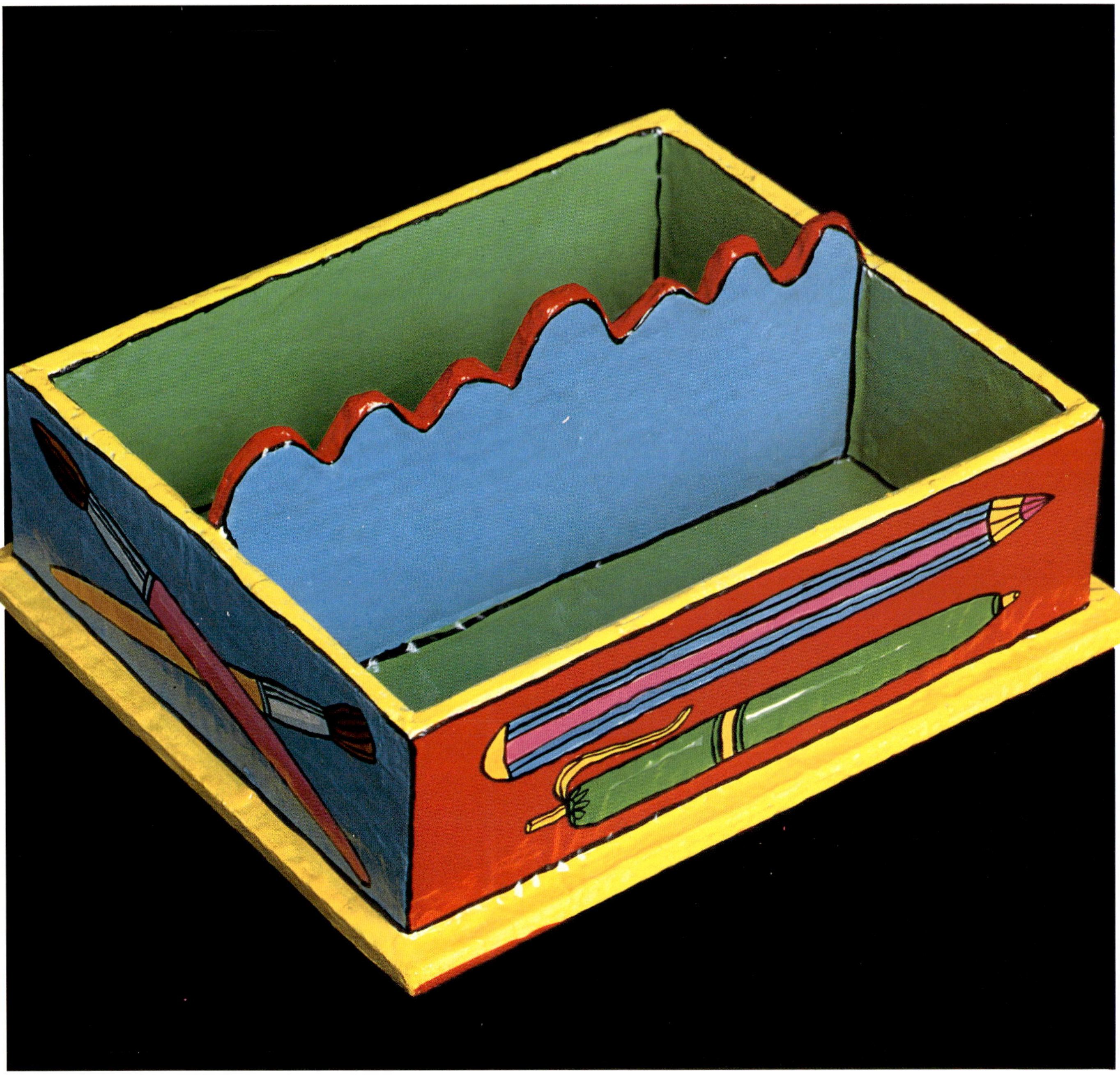

Boîte à charnière

Munie d'un couvercle articulé sur une charnière en tissu, cette boîte peut être décorée d'images découpées dans les journaux, les vieux livres, les magazines, etc. Ces images peuvent être collées sur n'importe quel objet à décorer mais il faut appliquer par-dessus un vernis protecteur. Pour notre modèle, nous avons utilisé des photocopies de vignettes en noir et blanc tirées d'une vieille encyclopédie. Si tu as d'autres idées, n'hésite pas !

MATÉRIEL

Carton découpé dans une caisse • Cutter • Colle PVA pure • Colle à papier peint ou colle PVA diluée • Papier • Ruban-cache • Papier de verre fin • 10 cm de ruban coton de 2,5 de largeur • Encre de Chine noire • Vernis brillant transparent • Assortiment d'images découpées ou photocopiées dans des revues, journaux, etc. • Vernis transparent

MODÈLE POUR LA BOÎTE *(Carton ondulé épais)*

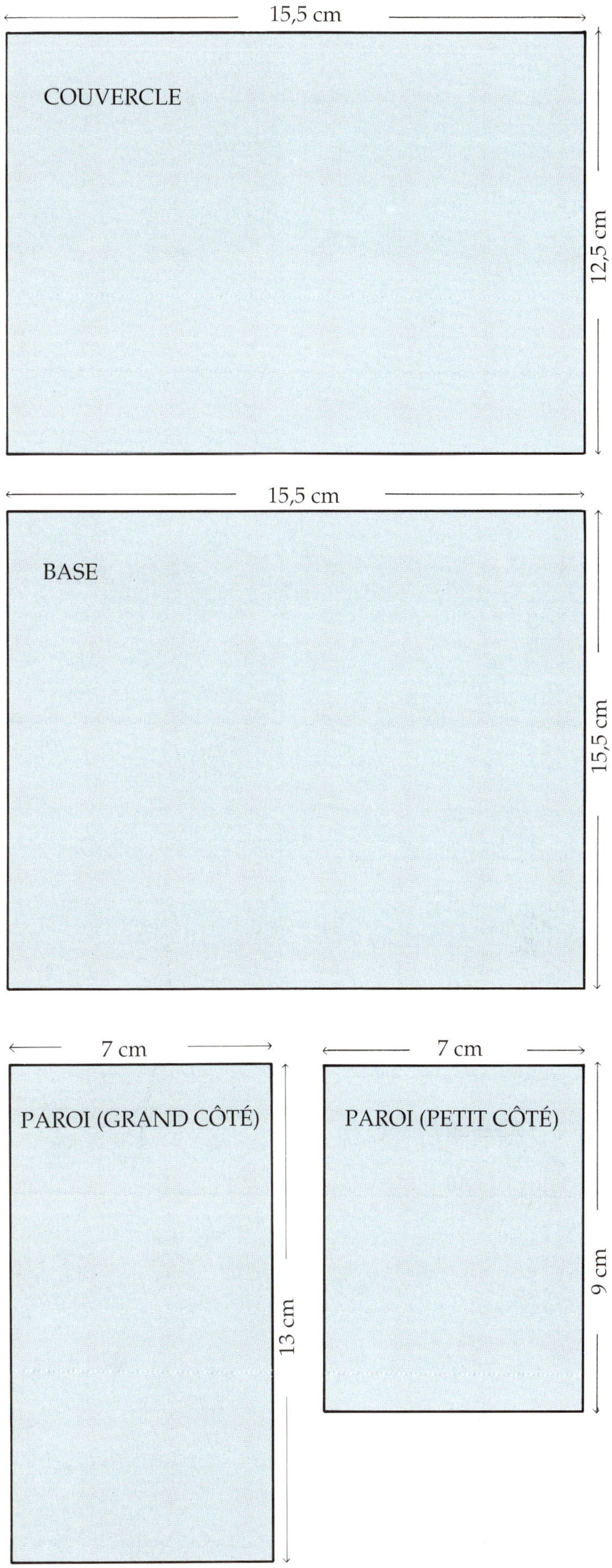

Réalisation de la boîte

1 En respectant les mesures indiquées, dessine sur le carton les formes des modèles de la page précédente. Découpe ces formes avec un cutter et une règle métallique. Demande à un adulte de t'aider. Assemble à angle droit les quatre parois de la boîte avec de la colle PVA, et renforce avec des morceaux de ruban-cache.

1

2 Enduis toutes les parties de la boîte de colle PVA diluée, puis laisse sécher pendant 4 heures sur une grille à gâteaux. Enduis de colle le bord inférieur des parois, puis applique-les sur la base. Renforce avec du ruban-cache. Laisse prendre la colle pendant 1 heure, puis recouvre le carton de la boîte et du couvercle de trois épaisseurs de papier encollé. Laisse sécher jusqu'au lendemain sur une grille à gâteaux.

2

3 Ponce soigneusement la surface au papier de verre fin. Plie le ruban de coton en deux dans le sens de la longueur, puis enduis l'une des moitiés de colle PVA. Applique la partie encollée au sommet de la paroi du fond de la boîte. Enduis de colle l'autre moitié du ruban et applique-la sur le couvercle (pour le maintenir vertical, appuie-le contre une pile de magazines ou de livres). Recouvre les deux moitiés du ruban de 2 couches de papier encollé, en laissant le pli apparent. Laisse sécher pendant 24 heures (toujours avec le support de livres ou de magazines).

3

4 Lorsque le papier est bien sec, ponce soigneusement au papier de verre fin. Applique ensuite deux couches de peinture blanche.

4

5 Lorsque la peinture est sèche, découpe tes vignettes et essaye de les disposer le plus artistiquement possible. Lorsque l'arrangement te convient, colle-les sur la boîte avec de la colle PVA. Laisse sécher pendant quelques heures dans un endroit chaud.

6 Si tu laisses une partie du fond blanc apparent, utilise comme vernis un peu de colle PVA diluée. La colle est préférable au vernis transparent, qui a tendance à paraître jaunâtre sur un fond blanc. Mais, colle ou vernis, applique toujours deux couches. Laisse sécher la boîte pendant 24 heures avant de l'utiliser.

Boîte en forme de cœur

Cette boîte est décorée de morceaux de papier métallisé de couleur (emballages de bonbons, de chocolats, etc.). Malgré ses courbes, elle est relativement facile à réaliser. Tu peux l'utiliser pour ranger toutes sortes de petits objets : bijoux, argent, bonbons. C'est un très joli cadeau, surtout à la Saint-Valentin, le jour de la fête des amoureux.

MODÈLE POUR LA BOÎTE-CŒUR *(Carton ondulé épais)*

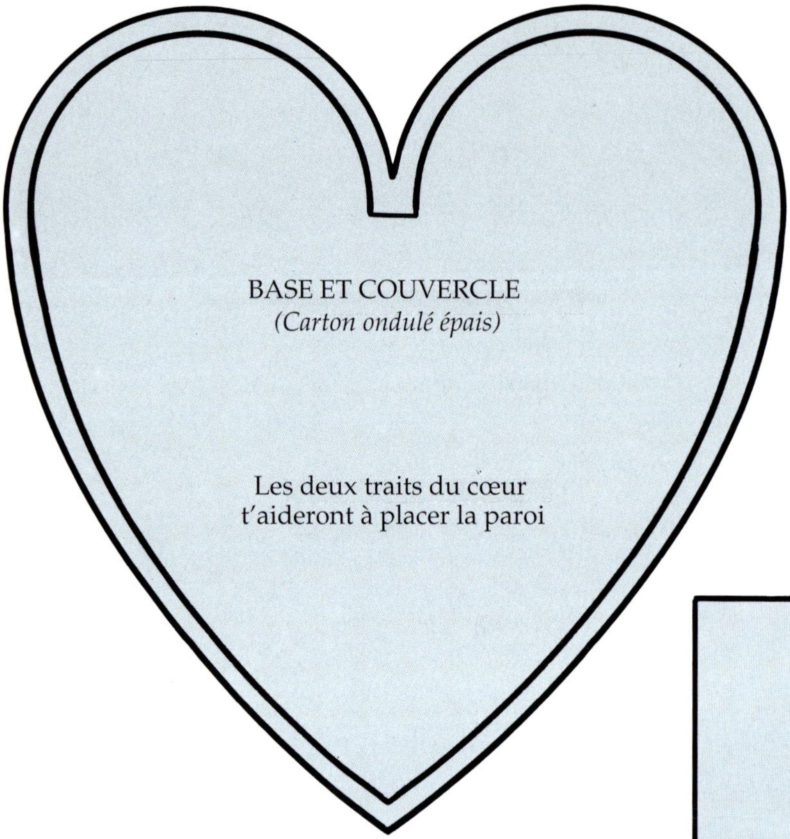

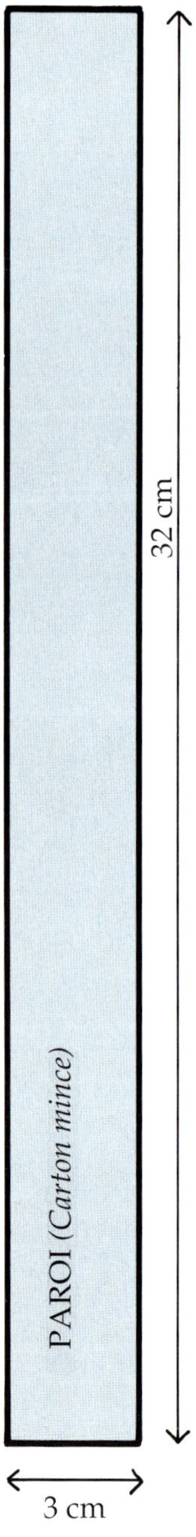

MATÉRIEL
Carton ondulé épais (découpé dans une caisse) • Carton ondulé mince • Papier-calque • Cutter • Colle PVA • Colle à papier peint ou colle PVA diluée • Papier • Ruban-cache • Papier de verre fin • Gouaches • Colle forte transparente • Vernis brillant transparent • Vernis transparent • Papiers métallisés de couleurs (emballages de bonbons par exemple)

Réalisation de la boîte

1 Dessine les deux grands cœurs et le petit sur un morceau de carton ondulé épais découpé dans une caisse. Ensuite, dessine la paroi (forme allongée) sur un morceau de carton ondulé mince (arrange-toi pour que les ondulations du carton soient dans le sens de la largeur, c'est-à-dire verticales : la courbure des parois sera plus facile à obtenir). Découpe les pièces au cutter. **Demande l'aide d'un adulte car la lame du cutter peut être dangereuse**. Assouplis la bande de carton mince en la pliant légèrement au niveau de chaque ondulation (elle sera plus facile à mettre en place). Enduis la tranche d'un des grands côtés de colle PVA, puis applique-le sur la base de la boîte en suivant les deux traits du modèle. Tous les 3 cm, consolide avec du ruban-cache.

1

2 Pose le petit cœur (la partie inférieure du couvercle) au centre de l'autre grand cœur. Marque son contour au crayon, retire-le, puis enduis l'une des faces de colle forte. Ajuste-le de nouveau sur le grand cœur, à l'intérieur de la marque au crayon. Laisse sécher le couvercle et la boîte pendant une ou deux heures, puis enduis les deux pièces de colle PVA diluée. Laisse-les sécher pendant 4 heures dans un endroit chaud.

2

3 Recouvre les deux pièces de 2 épaisseurs de papier encollé et laisse sécher pendant 24 heures sur une grille à gâteaux.

3

4 Lorsque les deux parties de la boîte sont sèches, ponce soigneusement leur surface au papier de verre fin, puis applique deux couches de peinture blanche. Avant d'appliquer la seconde couche, attends le séchage de la première.

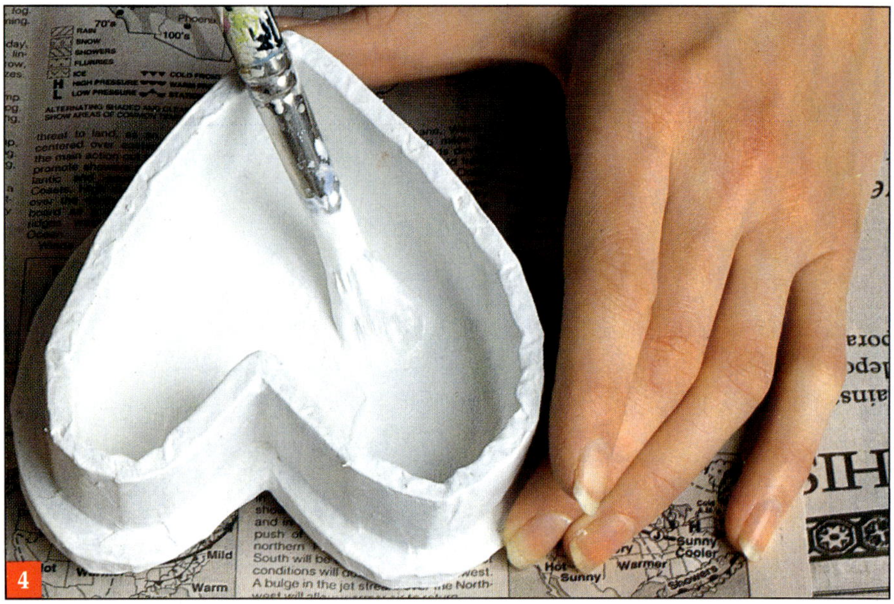

5 Recouvre le couvercle (intérieur et extérieur) et l'extérieur de la boîte de deux couches de gouache rouge. N'oublie pas d'attendre le séchage de la première couche avant d'appliquer la seconde.

6 Applique deux couches de gouache à l'intérieur de la boîte. Ici, on a choisi de la peinture jaune, mais tu es libre d'en préférer une autre. Après séchage complet, applique sur toute la surface une couche de vernis transparent. Laisse sécher pendant 24 heures.

7 Prépare de petites bandes de papier métallisé. Lorsque le vernis est sec, applique-les sur le couvercle, en utilisant une colle forte. Selon ton goût, choisis un décor très bariolé ou, au contraire, très sobre. Tu peux également décorer les parois de la boîte.

8 Laisse sécher jusqu'au lendemain, puis applique délicatement une couche de vernis. Prends garde de ne pas décoller les morceaux de papier avec ton pinceau. Lorsque cette première couche de vernis est complètement sèche, applique une seconde couche. N'oublie pas de nettoyer ton pinceau à l'eau savonneuse.

8

LES CADRES

Il est très facile de fabriquer des cadres et de les décorer selon ta fantaisie. Tu peux créer un cadre « passe-partout » qui conviendra à n'importe quel type d'image ou de photo, mais tu peux également le confectionner spécialement, faire en sorte qu'il rappelle, par sa forme ou sa couleur, ce qu'il contient.

Beaucoup de choses peuvent servir à la décoration d'un cadre : débris de faïences disposés à la façon d'une mosaïque, papiers de bonbons métallisés, paillettes, boutons, coquillages, « pierres précieuses » en verre, etc. Les cadres proposés dans ce chapitre sont ornés de médailles dorées et de petits cailloux ramassés au bord de la mer. Tu es libre de choisir l'idée qui te plaît le plus, ou d'en combiner plusieurs.

Ces cadres ont des systèmes de fermeture différents. Le premier en forme de cœur est scellé et son contenu est définitivement enfermé à l'intérieur. Le second a une charnière latérale et ferme au moyen d'un nœud ce qui te permet de changer la photo ou l'image.

Cadre-cœur scellé

Une fois que tu l'auras terminé, tu ne pourras plus ouvrir ce cadre ! Réfléchis donc bien avant de décider ce que tu vas glisser à l'intérieur ! Nous l'avons décoré avec des médailles dorées, semblables à celles qui ornent certains foulards et certains vêtements fantaisie. Si tu veux faire des économies, remplace les médailles par de vieux boutons métalliques récupérés, surtout s'ils sont de couleur et de taille variées.

MATÉRIEL

Carton ondulé épais (découpé dans une caisse) • Carton ondulé mince • Papier-calque • Cutter • Colle à papier peint ou colle PVA diluée • Papier • Ruban-cache • Papier de verre fin • Morceau d'acétate (11 x 8 cm) • Colle forte transparente • 2 attaches parisiennes • Gouaches • Vernis brillant transparent • Médailles dorées, vieux boutons en laiton, paillettes, petits cailloux, etc. • 20 cm de cordon fin

À l'intérieur de notre cadre est placé un soleil, mais rien ne t'empêche de le remplacer par une photographie ou par l'un de tes dessins. Seulement, souviens-toi, une fois installée l'image ne pourra plus être changée ! Si tu veux garder l'original, tu peux très bien le remplacer par sa photocopie en couleurs. Pour protéger le dessin ou la photo de la poussière et de la saleté, tu placeras devant une feuille de plastique transparent (acétate).

Réalisation du cadre-cœur scellé

1 Dessine sur du carton ondulé épais un cœur haut de 25 cm et large de 20 cm (voir modèle page suivante). Reproduis fidèlement ce cœur sur du papier-calque, puis sur le carton mince. Découpe les deux formes au cutter, en demandant **l'aide d'un adulte**.

2 Avec une règle, dessine au centre du cœur en carton ondulé épais un rectangle large de 10 cm et haut de 7 cm (ce sera la fenêtre du cadre). Demande de l'aide pour découper ce rectangle au cutter. Enduis les deux cœurs de carton (avec et sans la fenêtre) d'une couche de colle PVA diluée. Laisse sécher pendant 4 heures sur une grille à gâteaux.

3 Lorsque c'est sec, commence à appliquer le papier encollé sur chaque cœur. Utilise des bandelettes de papier déchirées larges d'environ 2,5 cm. Autour de la fenêtre, veille à la netteté du collage. Applique trois épaisseurs, puis laisse sécher pendant 24 heures.

Modèle pour le cadre-cœur scellé

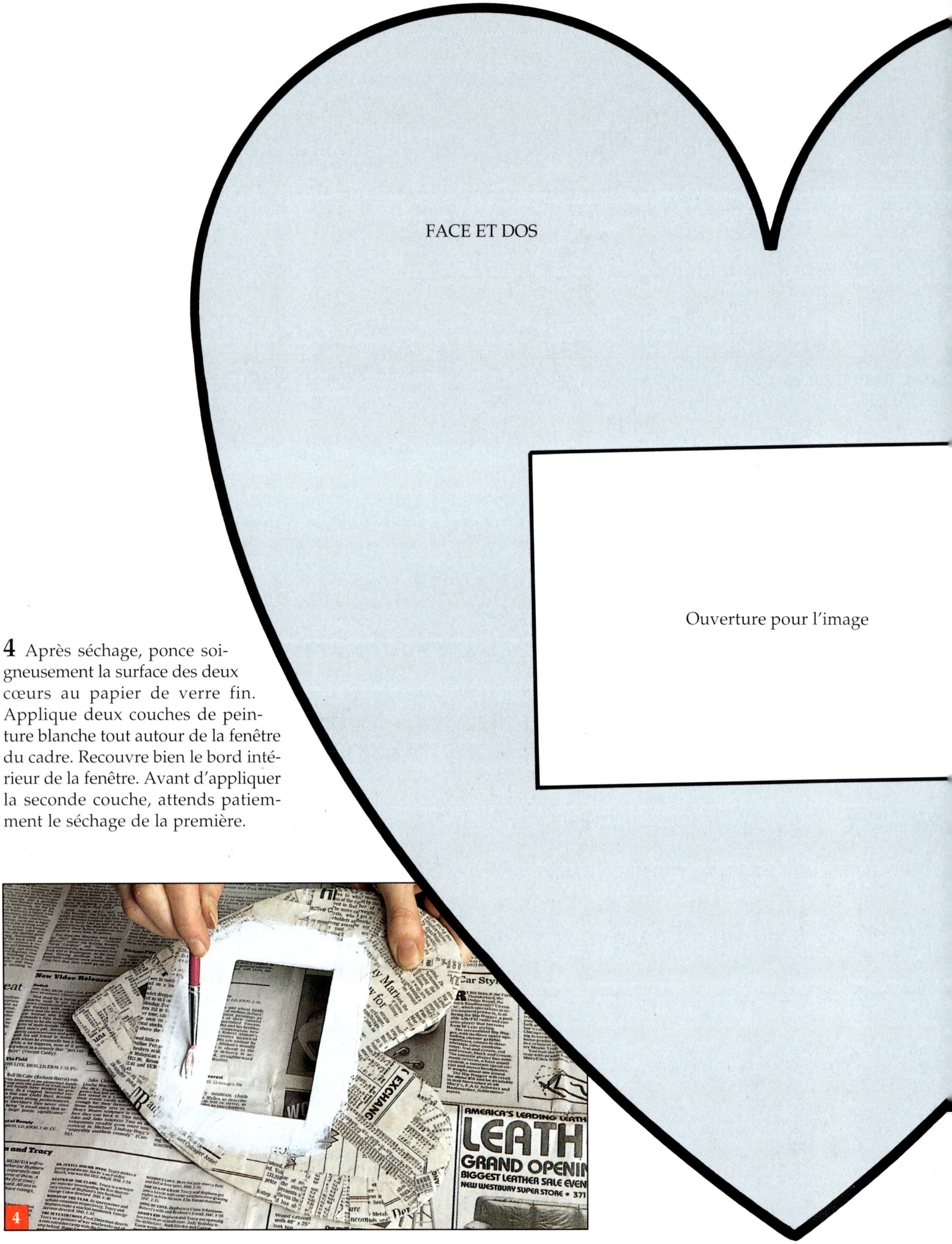

4 Après séchage, ponce soigneusement la surface des deux cœurs au papier de verre fin. Applique deux couches de peinture blanche tout autour de la fenêtre du cadre. Recouvre bien le bord intérieur de la fenêtre. Avant d'appliquer la seconde couche, attends patiemment le séchage de la première.

5

6

5 Lorsque la seconde couche est sèche, pose le morceau de plastique transparent (acétate) sur la fenêtre, d'un côté ou de l'autre du cœur. Le côté choisi devient automatiquement l'intérieur du cadre. Marque au crayon le contour de la feuille de plastique. Retire le plastique et dispose sur ses bords un filet de colle, puis repose-le à l'intérieur des traits de crayon que tu as tracés. Consolide avec du ruban-cache.

6 Pose ton image ou ta photo sur le plastique. Vérifie qu'elle est dans le bon sens et tournée du bon côté (face contre le plastique !). Lorsqu'elle est bien en place, fixe-la avec du ruban-cache.

7

7 Avec l'aide d'un adulte, fais dans le cœur en carton mince deux petites entailles au cutter. Place-les toutes deux à 7,5 cm sous le sommet du cœur et à 5 cm de part et d'autre du centre. Ces entailles sont destinées aux attaches à lamelles qui permettront de suspendre le cadre. Glisse une attache dans chaque entaille et rabats les lamelles de l'autre côté.
Tu vas maintenant fixer le cœur en carton mince sur l'envers du cœur à fenêtre. Mais avant, il faut vérifier le sens. Place le cœur à fenêtre sur la table, et pose dessus le cœur en carton mince, de façon à ce que la tête des attaches soit tournée vers toi et les lamelles coincées contre le cœur à fenêtre. Sinon, retourne le cœur en carton mince. Lorsque tout est vérifié, dissimule les lamelles sous un morceau de ruban-cache. Recouvre le ruban-cache d'une épaisseur de papier encollé et laisse sécher jusqu'au lendemain.

Assemblage des deux parties

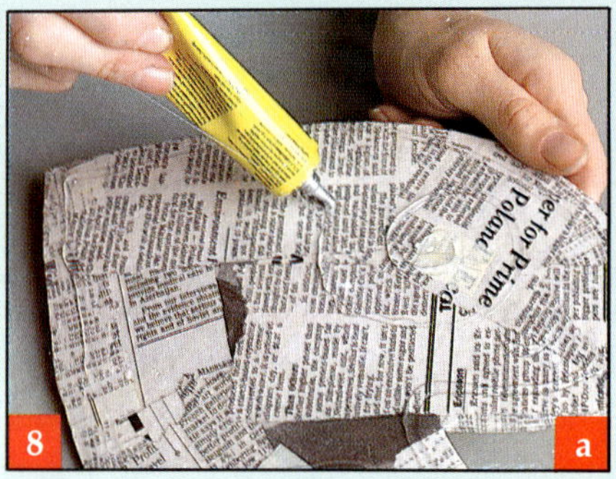

8 a

b

8 Lorsque le cœur en carton mince est sec, enduis de colle la face que tu dois coller sur le cadre (a), puis colle soigneusement cette face sur le dos du cœur à fenêtre (b). Renforce le montage avec du ruban-cache (c).

c

9

9 Laisse sécher pendant 1 à 2 heures, puis pose à cheval sur le pourtour des cœurs collés de petites bandelettes de papier encollé. Évite de projeter des gouttelettes de colle sur le plastique, surtout si tu utilises de la colle PVA diluée. Applique une deuxième épaisseur de bandelettes, puis laisse sécher pendant 24 heures.

10

10 Lorsque le cadre est sec, ponce soigneusement sa surface au papier de verre fin et applique deux couches de peinture blanche. Autour des têtes des attaches, fais très attention. Avant d'appliquer la seconde couche, attends patiemment le séchage de la première. Laisse sécher pendant 2 heures.

11

11 Applique 2 couches de gouache sur le cadre. Laisse sécher pendant 24 heures, puis applique deux couches de vernis transparent. Avant d'appliquer la seconde couche, attends patiemment le séchage de la première. N'oublie pas de nettoyer ton pinceau à l'eau savonneuse.

12 Lorsque la seconde couche de vernis est sèche, étudie la disposition des ornements que tu as choisis (ici des médailles dorées). Lorsque tu as trouvé l'arrangement idéal, fixe-les avec de la colle forte.

13 Laisse prendre la colle, puis noue les deux extrémités du cordon autour des têtes des attaches. Tu peux à présent suspendre le cadre.

Cadre-cœur ouvrant

Ce cadre est équipé d'une charnière et il est fermé sur le côté par un nœud en ruban, ce qui te permettra de changer la photo ou l'image que tu placeras dedans. Nous avons encore choisi pour le modèle une forme de cœur, mais rien ne t'empêche de créer d'autres formes de fenêtre et de modifier la taille du cadre. Il est même possible de fabriquer un cadre à plusieurs fenêtres, dans lequel tu pourras présenter plusieurs images ou photographies.

MATÉRIEL

Carton ondulé épais (découpé dans une caisse) • Cutter • Colle PVA • Ruban-cache • Colle à papier peint ou colle PVA diluée • Papier • Papier de verre fin • 20 cm de ruban de coton large (2,5 cm) • 20 cm de ruban fin • Colle forte transparente • Peinture blanche • Gouaches • Encre de Chine noire • Vernis brillant transparent • Carré de feutrine noire de 17,5 cm de côté • Ciseaux

MODÈLE POUR LE CADRE-CŒUR OUVRANT *(Carton ondulé épais)*

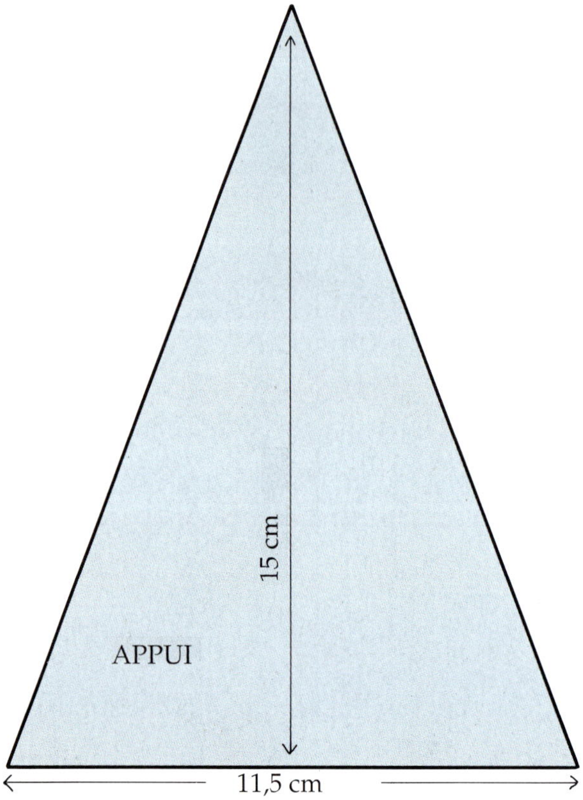

Réalisation du cadre

1 Dessine sur le carton ondulé épais la face et le dos du cadre, puis l'appui. Respecte les dimensions. **Demande l'aide d'un adulte** pour découper les pièces au cutter (la lame, très coupante, est dangereuse).

2 Marque deux points au crayon sur le milieu du dos du cadre. Relie ces deux points en traçant une ligne droite à la règle. Enduis de colle l'un des grands côtés du support et applique-le sur la ligne que tu viens de tracer. Consolide avec du ruban-cache et laisse sécher pendant quelques heures.

3 Enduis toutes les pièces du cadre de colle PVA diluée et laisse sécher pendant 4 heures sur une grille à gâteaux. Recouvre chaque pièce de 3 épaisseurs de papier encollé. Évite de décoller le support. Laisse sécher jusqu'au lendemain sur une grille à gâteaux.

4 Ponce soigneusement les surfaces au papier de verre fin. Plie le ruban de coton destiné à servir de charnière en deux dans le sens de la longueur, et enduis l'une des moitiés de colle PVA. Applique-la sur le côté droit de la face intérieure du cadre. Enduis de colle l'autre moitié du ruban, et applique-la au bord du dos du cadre. Laisse le cadre entrouvert pendant le séchage en appuyant le dos contre une pile de livres.

5 Lorsque le ruban de coton est sec, ouvre grand le cadre. Marque deux points au crayon : l'un au milieu du bord gauche de la face intérieure du cadre, l'autre au milieu du bord gauche de la face extérieure du dos du cadre. Avec de la colle forte, fixe 10 cm de ruban mince à chacun de ces emplacements. Consolide avec du ruban-cache. Recouvre les bords du ruban charnière et la partie collée des rubans attaches de deux épaisseurs de papier encollé. Laisse sécher pendant 24 heures.

6 Ponce soigneusement cette protection au papier de verre fin, et applique deux couches de peinture blanche sur l'ensemble du cadre. Avant d'appliquer la seconde couche, attends patiemment le séchage de la première. Laisse sécher.

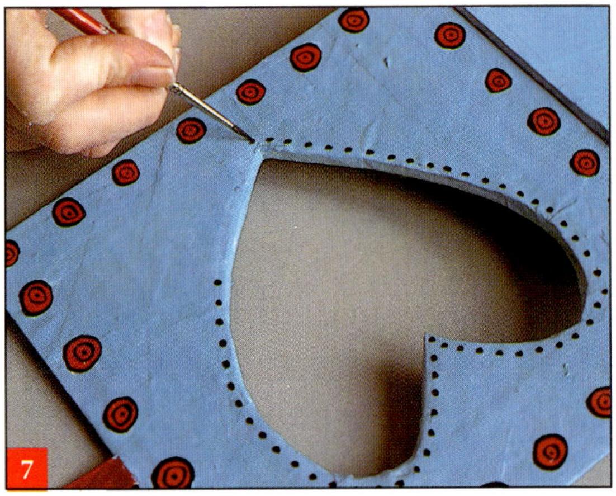

7 Avec un crayon, dessine un motif sur le cadre, puis colorie à la gouache. N'oublie pas de peindre le dos. Laisse sécher pendant 4 heures, puis ajoute les détails au pinceau fin et à l'encre de Chine noire. Laisse sécher jusqu'au lendemain, puis applique deux couches de vernis transparent.

8 Avec une paire de ciseaux, découpe un morceau de feutrine noire de la même taille que le dos du cadre. Enduis-le de colle PVA, et applique-le délicatement sur la face interne du dos. Laisse sécher jusqu'au lendemain avant d'utiliser le cadre.

JOURS DE FÊTE

Les fêtes réussies sont toujours les fêtes bien préparées. Voilà l'occasion pour toi de réaliser des objets et des décorations en papier mâché en prévision des anniversaires, de Noël, Pâques, etc. La taille des objets proposés n'est qu'indicative : il est tout à fait possible de les agrandir. Tu peux par exemple réaliser un rouge-gorge à des dimensions deux ou trois fois plus grandes. Comme tu peux transformer selon ton envie les cloches, les lapins, les Œufs de Pâques ou les feuilles de houx.

Pour les décorations de l'arbre de Noël, tu as le choix de les peindre ou de les recouvrir de papier métallisé doré, argenté ou coloré, et de pulvériser des paillettes sur l'arbre !

Les lapins et les œufs de Pâques peuvent être fabriqués sur un moule en pâte à modeler que tu retireras lorsque le papier mâché sera sec, ou avec des moules spéciaux tout prêts qui t'évitent d'avoir à les fabriquer toi-même (si tu utilises un moule métallique, n'oublie pas de l'enduire de vaseline avant d'appliquer le papier).

Tu peux aussi laisser une ouverture sous le lapin et le remplir de sucreries pour ajouter à la surprise, comme cela se pratique dans plusieurs pays. Et pourquoi ne pas fabriquer une poule de Pâques selon le même principe, pour y cacher des œufs en chocolat ?

Décorations de Noël

Toutes ces décorations originales transformeront ton sapin de Noël en un joyeux compagnon. Mais tu peux aussi les utiliser en dehors des fêtes de fin d'année pour embellir différentes pièces de la maison ! Elles conviennent particulièrement à l'ornement des fenêtres. Après les avoir peintes et vernies, pourquoi ne pas ajouter des paillettes et des fausses pierreries pour rehausser leur éclat ?

MATÉRIEL

Papier-calque • Un rectangle de carton mince (25 x 26 cm) par décoration • Ciseaux • Papier • Colle à papier peint ou colle PVA diluée • Papier de verre fin • Gouaches • Encre de Chine noire • Vernis brillant transparent • Aiguille à repriser • Colle PVA pure • Œillets à vis • 20 cm de cordon de couleur pour chaque décoration

MODÈLES POUR LES DÉCORATIONS *(Carton mince)*

Réalisation des décorations

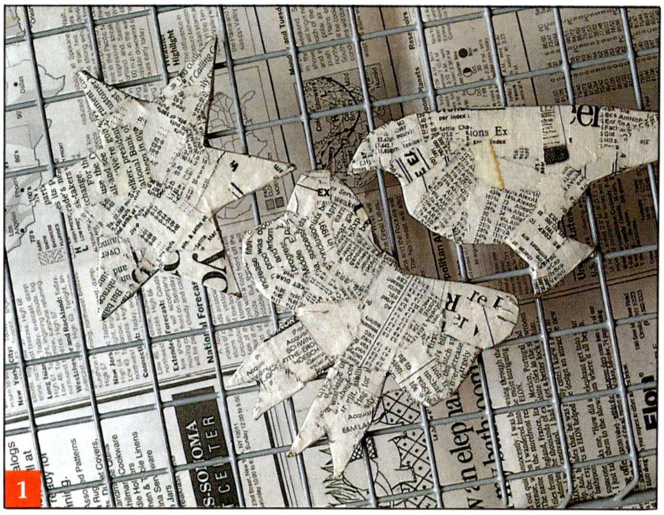

1 Décalque les modèles ci-contre et reporte-les sur le carton mince. Découpe les formes avec des ciseaux. Applique une couche de colle PVA diluée et laisse sécher pendant 4 heures sur une grille à gâteaux.

Les objets sont prêts pour l'application de bandelettes de papier encollé larges de 12 mm et longues de 5 cm.

2 Recouvre chaque décoration de trois épaisseurs de papier encollé. Laisse sécher pendant 24 heures sur une grille à gâteaux.

3 Lorsque les formes sont sèches, ponce-les soigneusement au papier de verre fin, puis applique deux couches de peinture blanche. Avant d'appliquer la seconde couche, attends patiemment le séchage de la première. Laisse sécher pendant 4 heures.

4 Dessine les motifs décoratifs au crayon, puis colorie-les à la gouache. Deux couches seront probablement nécessaires pour chaque couleur afin de bien couvrir la peinture blanche du fond.

5 Laisse sécher pendant 4 heures. Avec un pinceau fin, dessine les contours à l'encre de Chine noire et souligne les détails. Laisse sécher jusqu'au lendemain.

6

6 Lorsque les décorations sont parfaitement sèches, recouvre-les de deux couches de vernis transparent. Avant d'appliquer la seconde couche, attends patiemment le séchage de la première. Après usage, nettoie bien ton pinceau à l'eau savonneuse.

7 Lorsque le vernis est sec, demande à un adulte de t'aider à percer avec une aiguille un trou au sommet de chaque décoration. Le trou doit être bien droit : la pointe de la vis ne doit pas ressortir sur le côté. Dépose une pointe de colle dans chaque trou, puis visse l'œillet aussi profondément que possible. Laisse prendre la colle pendant quelques heures. Il ne te restera qu'à passer le cordon dans l'œillet à le fermer par un nœud et à suspendre la décoration à l'arbre de Noël.

7

Œufs de Pâques

La méthode pour fabriquer les œufs de Pâques est la même que celle utilisée pour les perles du collier page 30, puisqu'on utilise un moule en pâte à modeler. Mais les deux moitiés sont cette fois maintenues l'une contre l'autre par une languette de carton souple.

Si tu comptes offrir tes œufs de Pâques, pourquoi ne pas les remplir de babioles ou de sucreries, comme une pochette surprise ?

MATÉRIEL

Pâte à modeler (150 à 200 g pour les œufs petits ou moyens – 500 g pour les gros) • Vaseline • Papier • Colle à papier peint ou colle PVA diluée • Cutter • Couteau-scie • Couteau à palette • Papier de verre fin • Gouaches • Encre de Chine noire • Vernis brillant transparent • Morceaux de carton souple blanc • Colle forte transparente

Réalisation des œufs

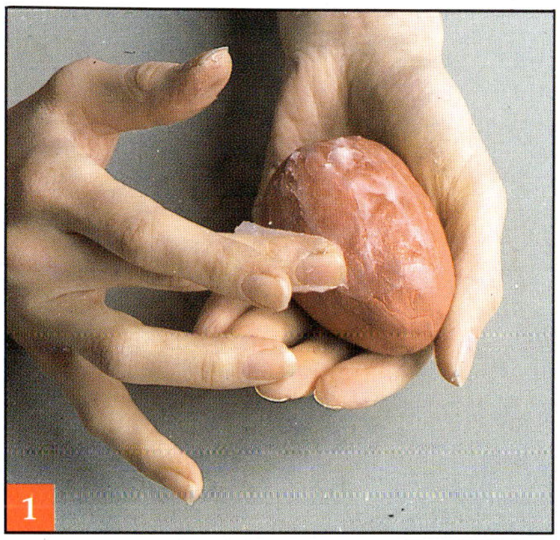

1 Prépare des morceaux de pâte à modeler qui soient à peu près de la longueur des œufs que tu souhaites réaliser. Roule plusieurs morceaux entre les paumes de tes mains pour les ramollir, puis donne à ta boule la forme d'un œuf. Si nécessaire, ajoute ou retire de la pâte. Lorsque la forme te convient, enduis l'œuf de vaseline.

2 Déchire des bandelettes de papier de la largeur d'un timbre-poste et assez longues pour faire le tour de l'œuf. Enduis-les de colle et recouvre les œufs de huit couches successives. Essaye d'obtenir une surface aussi lisse que possible. Laisse sécher pendant 2 à 3 jours dans un endroit chaud.

3 Lorsque la surface est sèche, demande à un adulte de t'aider à couper l'œuf en deux. Dis-lui de faire une entaille au cutter, puis continue toi-même avec un couteau-scie (par exemple un couteau à pain), qui te permettra de couper plus facilement la pâte à modeler.

4 Laisse sécher l'œuf ouvert sur une grille à gâteaux pendant une heure ou deux. Puis retire délicatement la pâte à modeler du papier mâché en glissant au début un couteau à palette entre le papier et la pâte pour la décoller.

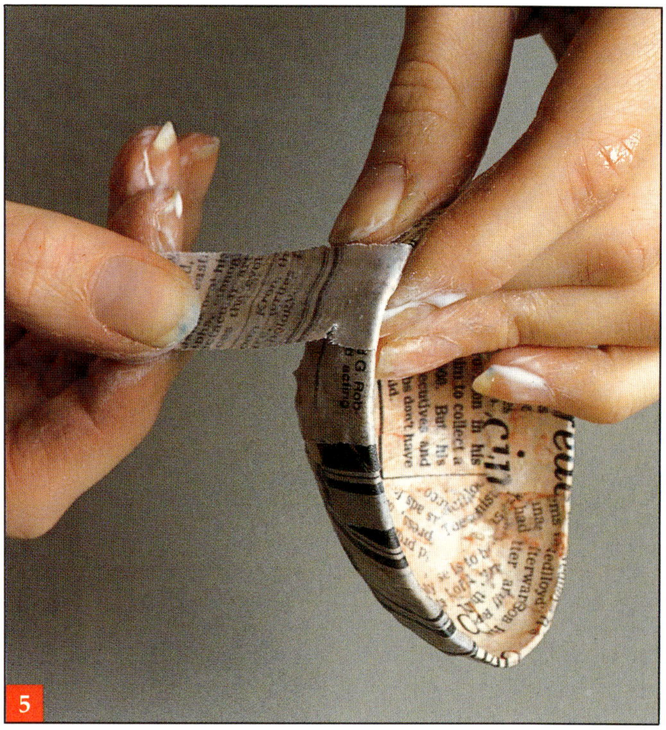

5 Pose de petites bandelettes (12 mm de large et 5 cm de long) de papier encollé à cheval sur le tour de chaque ouverture. Une seule couche suffit. Laisse sécher jusqu'au lendemain sur une grille à gâteaux.

6 Ponce soigneusement l'intérieur et l'extérieur au papier de verre fin, puis applique deux couches de peinture blanche. Avant d'appliquer la seconde couche, attends patiemment le séchage de la première.

7 Sur les faces externes, dessine les motifs au crayon, puis colorie-les à la gouache. Deux couches seront probablement nécessaires pour bien couvrir la peinture blanche du fond.

8 Laisse sécher pendant 4 heures. Avec un pinceau fin, dessine les contours à l'encre de Chine noire et souligne les détails. Laisse sécher jusqu'au lendemain.

9 Applique sur toute la surface de l'œuf deux couches de vernis transparent. Vernis d'abord la moitié de chaque œuf, laisse sécher et vernis les autre moitiés.

10 Pour mesurer le tour de l'ouverture de l'œuf, enroule une bande de carton souple large de 12 mm à l'intérieur, et marque un trait là où l'extrémité coupée rejoint le papier. Coupe avec des ciseaux à ce trait, et enduis de colle forte la moitié d'une face de cette languette dans le sens de la longueur. Enduis de la même colle le bord interne d'un demi-œuf. Laisse sécher la colle, puis applique fermement la languette contre l'intérieur de la demi-coquille. Les deux extrémités doivent se rejoindre.

11 Laisse sécher complètement, puis assemble les deux moitiés de l'œuf (l'une avec languette, l'autre sans).

Lapin de Pâques

Ce lapin de Pâques est bâti sur un moule en pâte à modeler que tu dois recouvrir de plusieurs couches de papier enduit de colle. Tu laisses ensuite le papier sécher complètement, puis tu ouvres en deux au cutter et tu retires la pâte à modeler avant de réunir définitivement les deux moitiés en papier mâché au moyen de bandelettes de papier encollé. Tu n'auras pas oublié de peindre avant l'intérieur, car l'heureux destinataire pourra le voir en découvrant l'ouverture pratiquée sous le lapin et dans laquelle tu auras glissé plein de sucreries...

MATÉRIEL

Pâte à modeler (500 g environ) • Outils pour le modelage • Papier • Vaseline • Colle à papier peint ou colle PVA diluée • Cutter • Couteau-scie • Couteau à palette • Ruban-cache • Ciseaux • Colle PVA • Papier de verre fin • Gouaches • Encre de Chine noire • Vernis brillant transparent

Réalisation du lapin

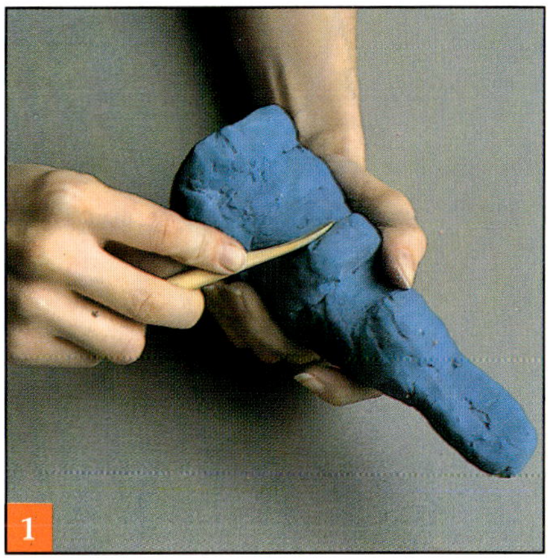

1 Ramollis la pâte à modeler entre tes mains, et fais-en un bloc long de 20 cm, large de 7,5 cm et profond de 7,5 cm. Avec des instruments de modelage, ou un couteau non tranchant, donne-lui la forme d'un lapin. Celui-ci est très simple, mais rien ne t'empêche d'en faire un plus compliqué.

2 Lorsque la forme du lapin te convient, applique à la surface de la pâte à modeler une couche de vaseline fine et régulière.

3 Déchire de petites bandelettes de papier journal et encolle-les. Applique très soigneusement, l'une après l'autre, huit couches de bandelettes. Assure-toi, avant de passer à la suivante, que chaque couche recouvre entièrement la précédente. Ainsi la surface de l'objet sera plus solide. Pour mieux voir les couches, change de couleur de papier à chaque fois. Laisse sécher 2 à 3 jours dans un endroit chaud.

4 Lorsque la surface est sèche, trace au crayon sur le papier une ligne droite de haut en bas, et devant et derrière. Divise le lapin au cutter en deux moitiés égales en suivant cette ligne. Demande à un adulte de t'aider car la lame du cutter est dangereuse. Dis-lui de faire une entaille au cutter à la surface, puis termine la coupe avec un couteau-scie.

5 Pose les deux moitiés sur une grille à gâteaux et laisse les bords durcir pendant une heure. Avec le couteau à palette, sépare délicatement le papier mâché de la pâte à modeler. Lorsque tu as enlevé toute la pâte à modeler, laisse sécher l'intérieur du papier mâché jusqu'au lendemain sur une grille à gâteaux.

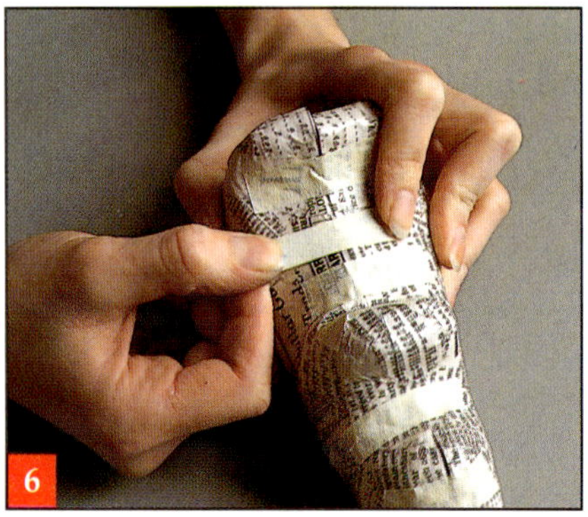

6 Assemble soigneusement les deux moitiés du lapin avec du ruban-cache, puis dessine sous la base un bel ovale.

7 Retire le ruban-cache et découpe sur chaque partie la moitié d'ovale avec des ciseaux. Applique à l'intérieur des deux parties deux couches de peinture blanche, après avoir éliminé les traces de pâte à modeler.

8 Lorsque la peinture est sèche, enduis de colle PVA le pourtour de chaque moitié du lapin. Réunis-les soigneusement en consolidant avec du ruban-cache. Laisse sécher pendant 2 heures sur une grille à gâteaux, puis retire le ruban-cache et recouvre la jointure de deux épaisseurs de petites bandelettes de papier encollé. Recouvre également les bords de l'ovale. Laisse sécher jusqu'au lendemain sur une grille à gâteaux.

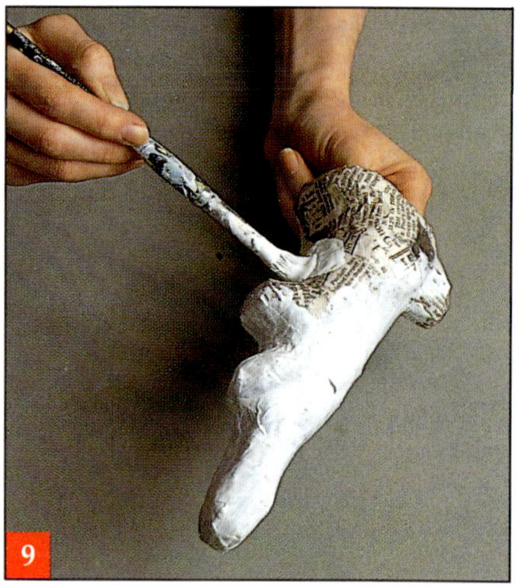

9 Ponce soigneusement la surface au papier de verre fin, puis applique deux couches de peinture blanche. Avant d'appliquer la seconde couche, attends patiemment le séchage de la première. N'oublie pas de peindre l'ouverture ovale sous la base du lapin.

Décoration du lapin

10 Lorsque la peinture blanche est sèche, dessine au crayon les motifs décoratifs (a), puis colorie à la gouache (b). Deux couches seront probablement nécessaires pour obtenir une belle couleur soutenue (c). Laisse sécher pendant 4 heures, puis peins les détails (d) et souligne les contours (e) à l'encre de Chine noire. Laisse sécher jusqu'au lendemain.

a

b

c

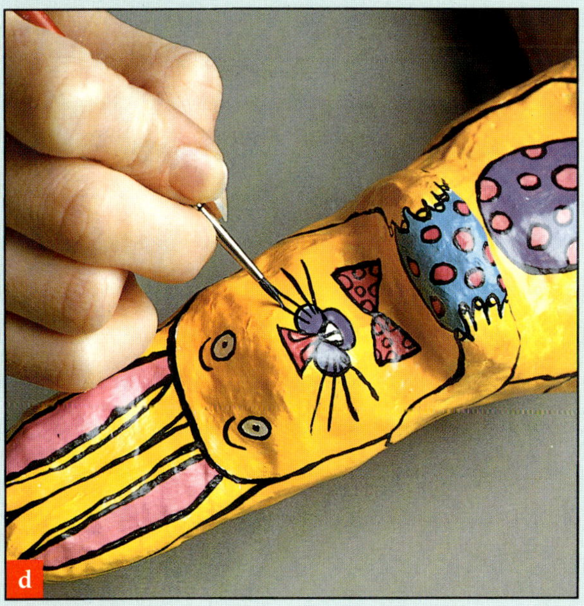

d

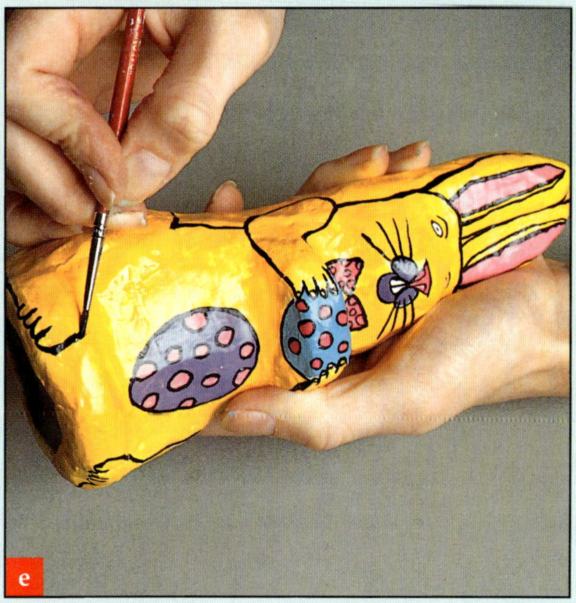

e

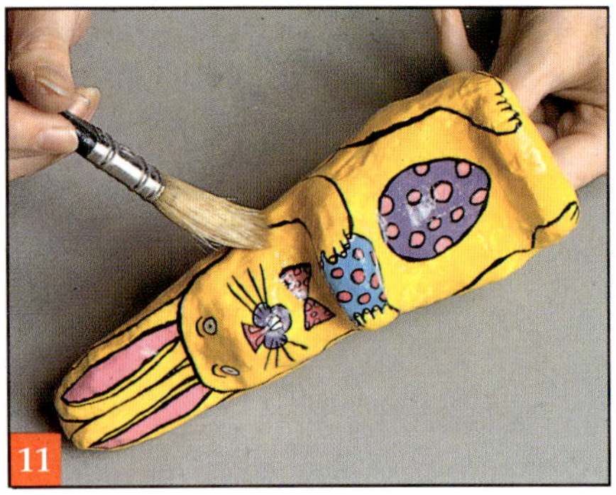

11

11 Applique deux couches de vernis transparent (avant d'appliquer la seconde couche, attends patiemment le séchage de la première). Nettoie bien ton pinceau à l'eau savonneuse. Lorsque le lapin est sec, remplis-le de bonbons.

CONSEIL...

Si tu fais une bavure en appliquant l'encre de Chine, attends qu'elle ait complètement séché, puis applique par-dessus un peu de peinture blanche. Lorsque c'est sec, fais un raccord à la gouache, puis redessine la ligne noire.

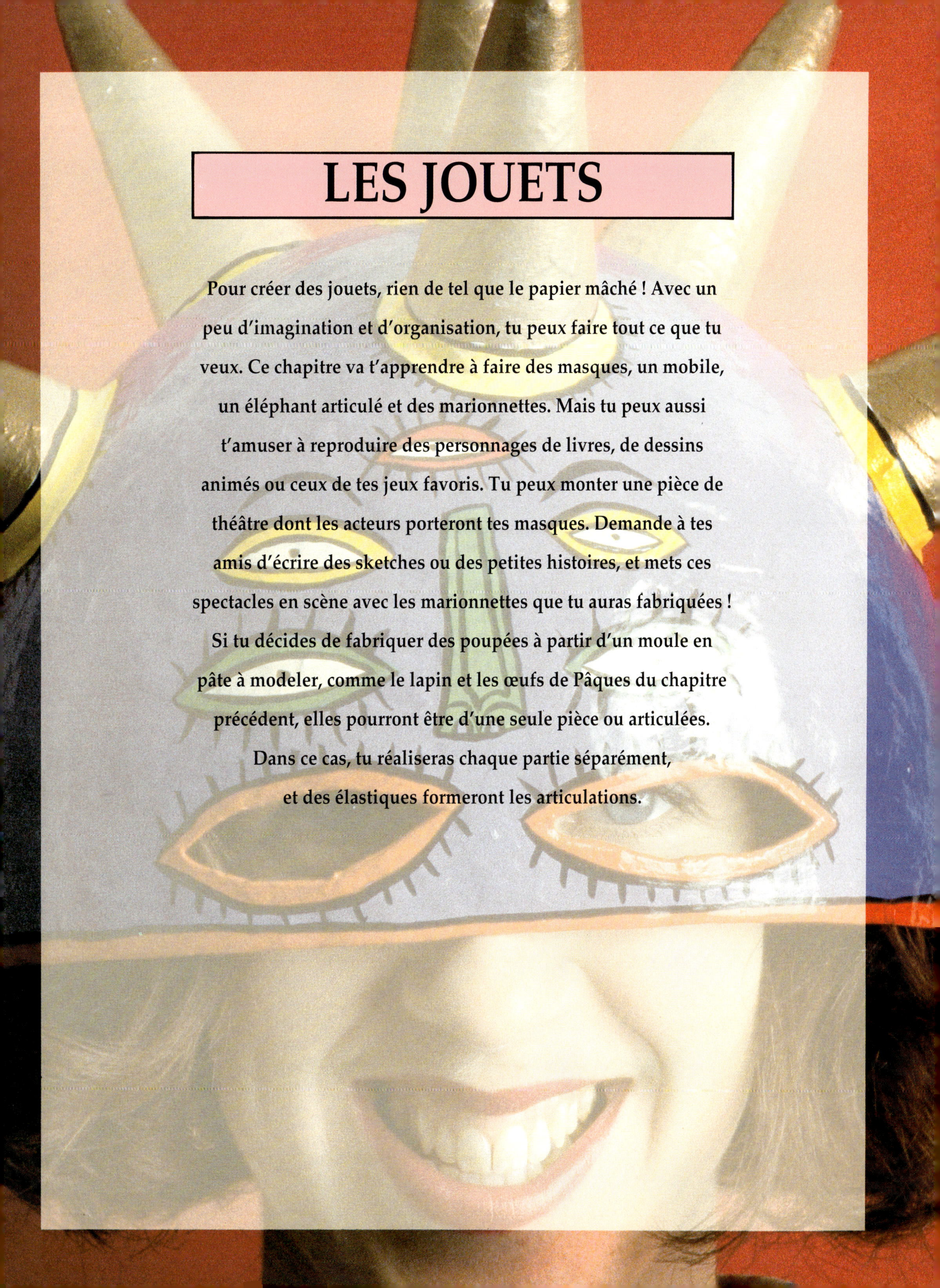

LES JOUETS

Pour créer des jouets, rien de tel que le papier mâché ! Avec un peu d'imagination et d'organisation, tu peux faire tout ce que tu veux. Ce chapitre va t'apprendre à faire des masques, un mobile, un éléphant articulé et des marionnettes. Mais tu peux aussi t'amuser à reproduire des personnages de livres, de dessins animés ou ceux de tes jeux favoris. Tu peux monter une pièce de théâtre dont les acteurs porteront tes masques. Demande à tes amis d'écrire des sketches ou des petites histoires, et mets ces spectacles en scène avec les marionnettes que tu auras fabriquées ! Si tu décides de fabriquer des poupées à partir d'un moule en pâte à modeler, comme le lapin et les œufs de Pâques du chapitre précédent, elles pourront être d'une seule pièce ou articulées. Dans ce cas, tu réaliseras chaque partie séparément, et des élastiques formeront les articulations.

L'éléphant articulé

Ce magnifique éléphant a des pattes, des oreilles et une queue mobiles. Son corps est fait à partir d'un morceau de carton épais, et les pattes, la queue et les oreilles à partir d'un carton plus mince. L'éléphant est articulé grâce à des attaches parisiennes que tu peux acheter dans toutes les papeteries : elles jouent le rôle de pivots.

MATÉRIEL

Papier-calque • Carton mince • Carton épais • Ciseaux • Cutter • Papier • Colle à papier peint ou colle PVA diluée • Papier de verre fin • 7 attaches parisiennes • Ruban-cache • Gouaches • Encre de Chine noire • Vernis brillant transparent

MODÈLE POUR L'ÉLÉPHANT

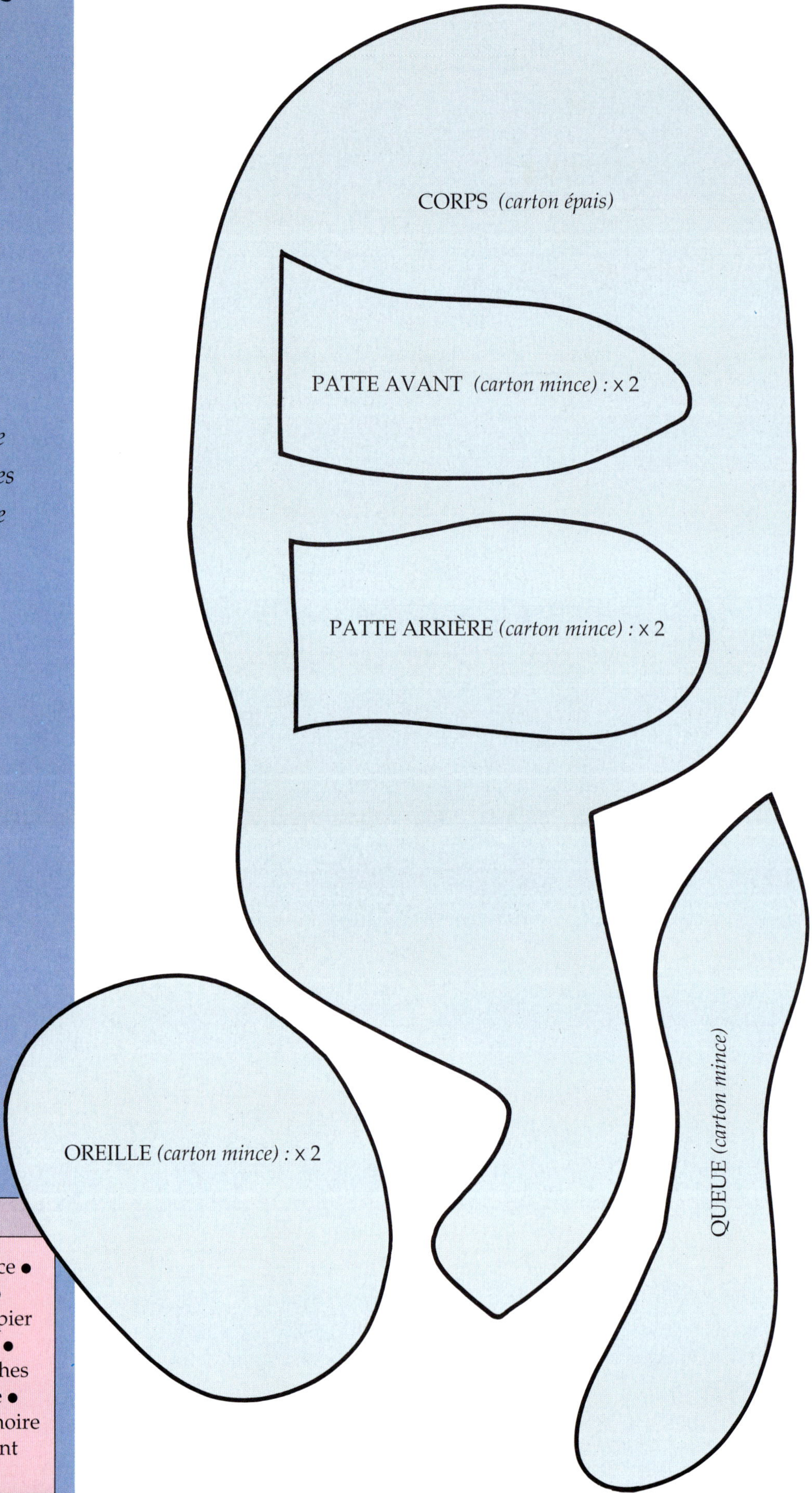

Réalisation de l'éléphant

1 Décalque sur du carton les différentes parties du corps de l'éléphant (ci-contre). Seul le corps est en carton épais. Les autres parties sont en carton mince. Découpe chaque pièce avec des ciseaux. Pour le corps, il est préférable d'utiliser un cutter. Demande à un adulte de t'aider (la lame est très dangereuse).

2 Enduis chaque partie du corps découpée d'une couche de colle PVA : cela évite au carton de se gondoler lorsqu'on le recouvre de papier encollé. Laisse sécher pendant 4 heures sur une grille à gâteaux.

3 Déchire du papier journal en bandelettes de 12 mm de large et 7,5 cm de long. Recouvre chaque morceau de carton de trois épaisseurs de papier encollé. Laisse sécher jusqu'au lendemain sur une grille à gâteaux.

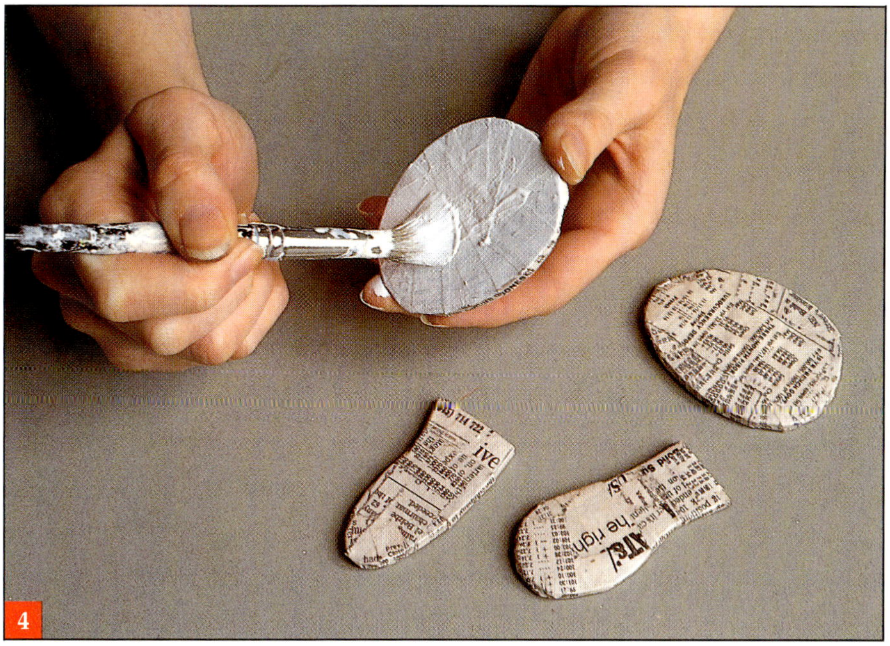

4 Lorsque c'est sec, ponce soigneusement chaque pièce au papier de verre fin, puis applique deux couches de peinture blanche.

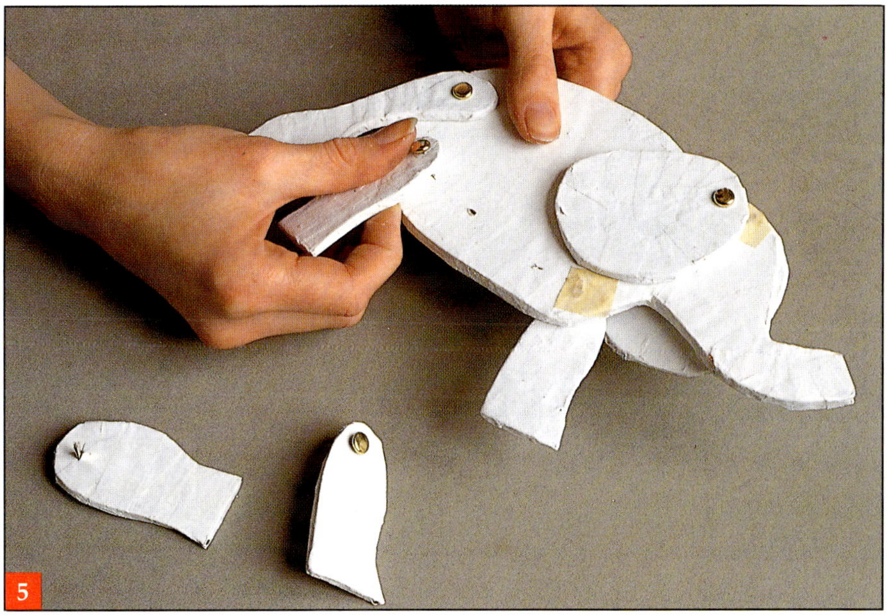

5 Tu dois fixer les pattes, la queue et les oreilles au corps par des attaches parisiennes (à lamelles). Pour que ces lamelles puissent traverser le carton, fais une petite fente au cutter vers le sommet de chaque pièce mobile. **Demande l'aide d'un adulte**. Glisse les lamelles d'une attache à travers chaque fente. Fais ensuite les mêmes fentes dans le corps de l'éléphant, à chaque endroit où tu dois poser une partie du corps : une pour chaque patte et chaque oreille, et une pour la queue. N'oublie pas que les lamelles de certaines attaches ressortiront du corps de l'éléphant par derrière, et les autres par devant. Lorsqu'une pièce déjà fixée te gêne pour en fixer une autre, fais-la pivoter pour dégager l'emplacement.

6 Lorsque toutes les attaches sont en place et que les lamelles ont été rabattues, cache ces rabats avec un morceau de ruban-cache. Recouvre le ruban de papier encollé, puis laisse sécher jusqu'au lendemain.

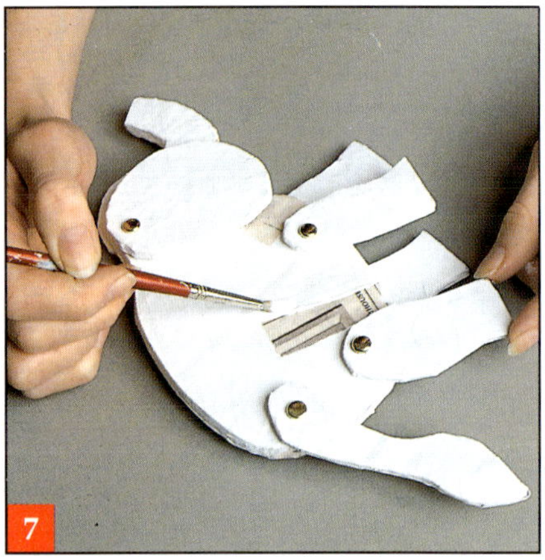

7 Lorsqu'il est sec, ponce soigneusement les caches des attaches au papier de verre fin, puis applique deux couches de peinture blanche. Avant d'appliquer la seconde couche, attends patiemment le séchage de la première.

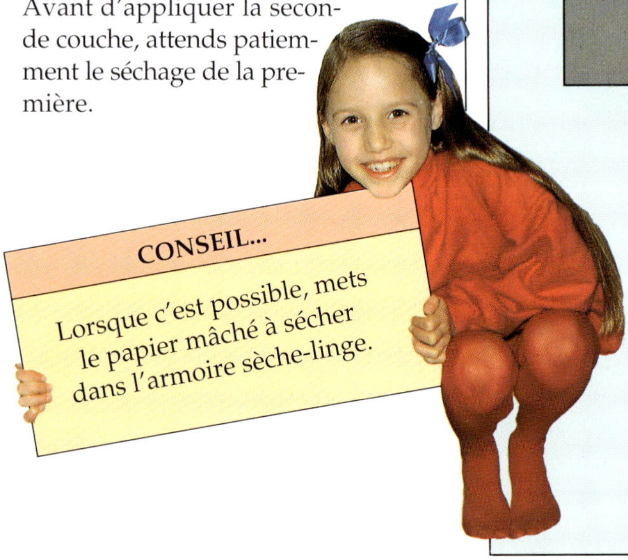

Peinture de l'éléphant

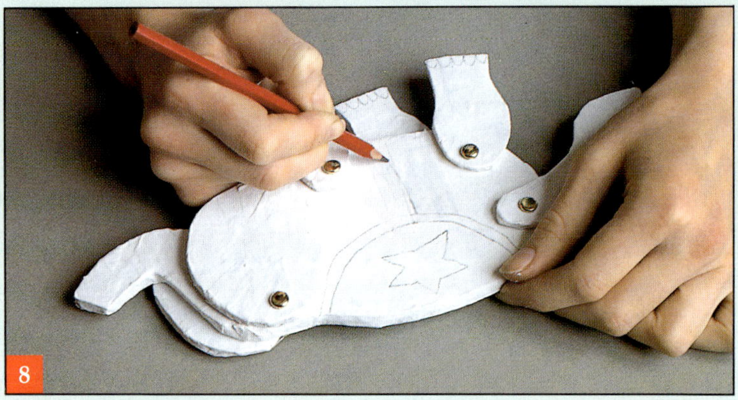

8 Dessine les ongles, les défenses, les yeux et le harnachement de l'éléphant, puis peins-les. Pour décorer les parties du corps masquées par les pièces pivotantes, attends le séchage de la peinture, puis change la position de ces pièces. Sois patient, et n'oublie pas que les deux côtés de l'éléphant sont à peindre !

9 Lorsque tu as fini de colorier l'éléphant, laisse-le sécher pendant 4 heures, puis ajoute les détails à l'encre de Chine noire. Laisse sécher jusqu'au lendemain, puis applique deux couches de vernis transparent. Avant d'appliquer la seconde couche, attends le séchage de la première. Pour chaque couche, procède en plusieurs temps pour ne pas coller avec le vernis les parties mobiles au corps. Nettoie bien ton pinceau à l'eau savonneuse.

9

Masque facial

La méthode la plus astucieuse pour faire un masque, c'est d'utiliser un ballon gonflable comme moule, sur lequel tu appliqueras le papier mâché. Après séchage tu découpes le ballon en deux parties égales. Tu disposes ainsi de deux moitiés parfaitement ovales qui pourront chacune servir pour un masque. Tu pourras y peindre les traits d'un personnage et matérialiser certains détails en relief avec du carton.
Sur le modèle que nous présentons, nous avons collés des sourcils, des lunettes, un nez et des oreilles découpés dans du carton, puis des favoris et une barbiche en fausse fourrure.

MATÉRIEL

Mètre ruban • Ballon gonflable • Vaseline • Papier • Colle à papier peint ou colle PVA diluée • Ficelle • Ciseaux • Petits morceaux de carton mince • Colle forte transparente • Ruban-cache • Papier de verre fin • Gouaches • Encre de Chine noire • Vernis brillant transparent • Fausse fourrure pour les poils (ou brins de laine, de coton, morceaux de feutrine, etc.) • Aiguille à repriser • Élastique fin

Réalisation du masque

1 Mesure la hauteur de ton visage. Gonfle le ballon jusqu'à ce que sa hauteur atteigne celle de ton visage avec 5 cm en plus. Demande éventuellement l'aide d'un adulte. Ferme l'ouverture du ballon en faisant un nœud serré, puis enduis toute sa surface d'une fine couche de vaseline : ainsi, le papier mâché ne collera pas au ballon, et si ce dernier se dégonfle pendant le séchage, le papier ne s'affaissera pas. Mets le ballon à sécher sur un bol.

2 Prépare des bandelettes de papier de 2,5 cm de large et 10 cm de long, enduis-les et commence à recouvrir le ballon appuyé sur son bol.

3 Pour être sûr d'avoir complètement fini une couche avant de mettre la suivante, prépare deux papiers de couleur différente et alterne à chaque couche. Après la huitième couche, accroche un bout de ficelle à l'extrémité du ballon et suspends-le dans un endroit chaud. Laisse-le sécher pendant 3 jours complets.

4 Lorsque la surface est sèche, crève le ballon en enfonçant une aiguille à travers le papier. Retire-le en tirant sur la ficelle. Trace au crayon une ligne qui divise en deux l'ovale du ballon dans le sens de la longueur. Avec l'aide d'un adulte, découpe le ballon en suivant cette ligne.

5 Choisis l'une des moitiés pour faire ton masque. Enduis tes lèvres de rouge à lèvres. Mets la coque devant ton visage, comme un véritable masque, et « embrasse-la » pour déposer du rouge à l'intérieur et marquer l'emplacement de ta bouche. Découpe ensuite la trace en lui donnant la forme de ton choix.

7 Découpe puis place les lunettes, les sourcils et le nez en carton. Fixe-les avec de la colle forte transparente et renforce avec du ruban-cache. Laisse sécher.

8 Lorsque la colle est sèche, recouvre de deux épaisseurs de bandelettes de papier encollé les ajouts de carton, les bords de la découpe de la bouche (et des yeux si tu les as élargis), et tout le pourtour du masque. Laisse sécher pendant 24 heures.

6 Pour trouver l'emplacement des yeux, mesure sur ton visage la distance entre la bouche et le haut de ton nez, juste entre les deux yeux. Reporte au crayon cette distance à l'intérieur du masque à partir de la bouche. Mesure maintenant la distance entre le haut de ton nez et le milieu de chacun des tes yeux. Reporte ces mesures à l'intérieur du masque, à partir du point marquant le haut du nez. Fais un petit trou au centre de chaque point correspondant à l'œil. Normalement, tu dois voir correctement au travers. Tu peux élargir les trous, **mais ne le fais jamais pendant que tu portes le masque !**

9 Ponce soigneusement la surface au papier de verre fin, puis applique deux couches de peinture blanche. Avant d'appliquer la seconde couche, attends patiemment le séchage de la première. Lorsque la seconde couche est sèche, dessine les détails au crayon.

La décoration du masque

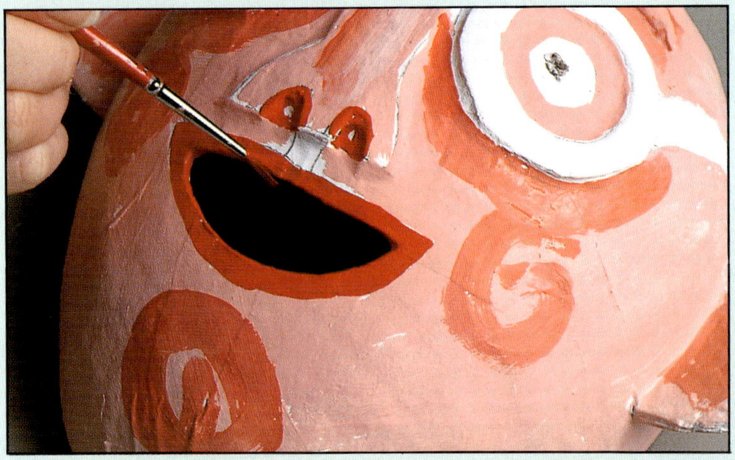

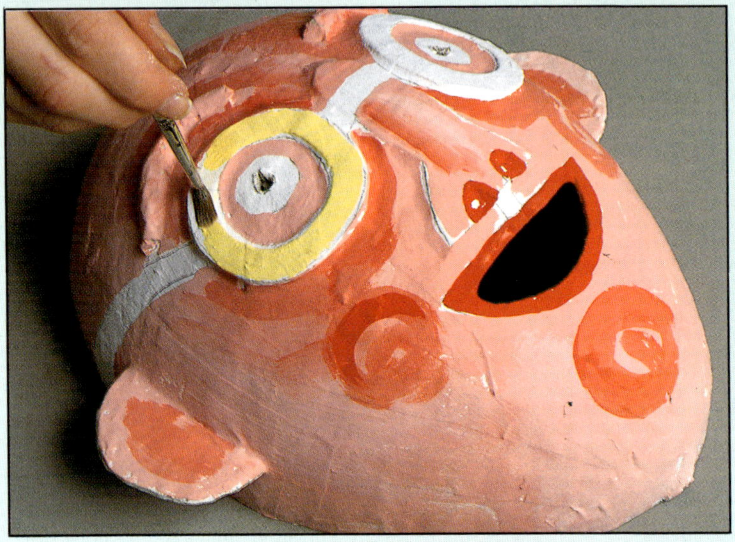

10 Colorie à la gouache en suivant tes dessins au crayon. Tu peux adopter une décoration réaliste (peau rose par exemple), ou au contraire laisser aller ton imagination et créer un visage fantaisiste aux couleurs étranges.

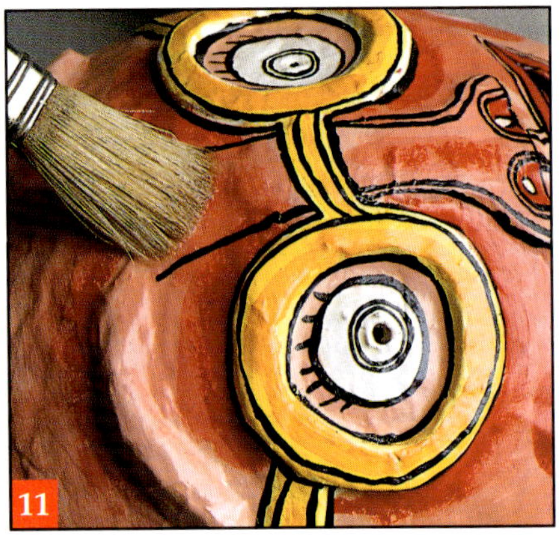

11 Laisse sécher la peinture pendant 4 heures, puis souligne les traits à l'encre de Chine noire avec un pinceau fin. Laisse sécher jusqu'au lendemain, puis applique sur toute la surface deux couches de vernis transparent (avant d'appliquer la seconde couche, attends le séchage de la première). Nettoie bien ton pinceau à l'eau savonneuse.

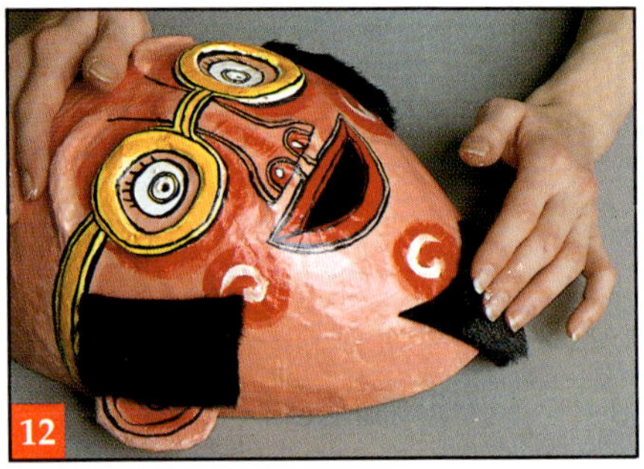

12 Lorsque le vernis est sec, tu peux fixer les favoris et la barbiche. Tu as le choix entre divers matériaux : fausse fourrure, brins de laine ou de coton, morceaux de feutrine, etc. Utilise une colle forte transparente, puis laisse sécher jusqu'au lendemain. Avant de porter ton masque, il ne te restera qu'à accrocher l'élastique. Pour trouver l'emplacement des points de fixation, mets le masque sur ta figure et demande à quelqu'un de faire un marque de chaque côté, au-dessus de l'oreille.

13 Demande à un adulte de t'aider à percer ces deux points avec une aiguille à repriser. Élargis-les jusqu'à ce que l'élastique puisse passer. Fais un nœud à un bout de l'élastique et enfile-le par l'autre bout, depuis l'intérieur du masque. Tire jusqu'à ce que le nœud que tu as fais vienne se bloquer contre la paroi du masque. Fais rentrer maintenant le bout sans nœud de l'autre côté du masque, par l'extérieur. Tends l'élastique et fais l'autre nœud à l'intérieur. Le masque est prêt !

Masque-casque

Comme le précédent, ce masque est moulé sur un ballon gonflable. Mais cette fois, le moulage est découpé dans le sens de la largeur, donnant une forme qui couvrira le haut de la tête, comme un casque. Ce masque, nous lui avons fixé d'étranges cornes dorées sur le sommet du crâne et dessiné sept yeux, mais il est plus amusant qu'effrayant. Les pointes dorées sont faites à partir du support en carton de bobines de fil. Si tu ne peux t'en procurer, tu peux facilement en fabriquer.

MATÉRIEL

Mètre ruban • Ballon gonflable • Vaseline • Papier • Colle à papier peint • Ficelle • Ciseaux • Cutter • Colle PVA • 6 supports en carton de bobines de fil coniques (ou 6 morceaux de carton souple roulés) • Ruban-cache • Papier de verre fin • Gouaches • Encre de Chine noire • Vernis brillant transparent • Fausse fourrure pour les poils ou les cheveux • Aiguille à repriser • Élastique fin

Réalisation du masque

1 Mesure le tour de ta tête au niveau des oreilles. Gonfle le ballon jusqu'à ce que sa grosseur dépasse légèrement celle de ton visage. Demande éventuellement l'aide d'un adulte. Ferme l'ouverture du ballon en faisant un nœud serré, puis enduis toute sa surface d'une fine couche de vaseline. Pose-le sur un bol.

2 Prépare des bandelettes de papier de 2,5 cm de large et de 10 cm de long, puis couvre le ballon de huit couches successives. Pour être sûr d'avoir fini une couche avant de mettre la suivante, prépare deux papiers de couleur différente et alterne à chaque couche. Après la huitième couche, accroche un bout de ficelle à l'extrémité du ballon et suspends-le. Laisse-le sécher.

3 Lorsque le papier est sec, crève le ballon en enfonçant une aiguille à travers le papier, puis sors-le en tirant sur l'embouchure, qui dépasse encore du papier mâché. Mesure la distance séparant le sommet de ta tête du milieu de l'arête de ton nez (à 2,5 cm sous la ligne des yeux environ). Reporte cette distance en plusieurs points sur l'ovale de papier à partir du sommet. à chaque fois, fais une marque au crayon. Relie ensuite toutes les marques par une ligne faisant le tour de l'ovale dans le sens de la largeur. Avec l'aide d'un adulte, découpe ensuite avec des ciseaux le « casque » en suivant la ligne tracée au crayon.

4

4 Pose ce casque sur ta tête et tiens-le en le pinçant par devant avec les pouces à l'intérieur et les index à l'extérieur, au niveau des yeux. Demande à quelqu'un de marquer l'emplacement des index, puis dessine les yeux au niveau de ces deux marques. Demande à un adulte de t'aider à découper les yeux au cutter. **Surtout, n'essaye jamais de percer les yeux pendant que tu portes le masque !** Prépare les cornes avec les supports en carton des bobines de fil (environ 10 cm de haut) et étudie leur disposition sur le sommet du masque. Lorsque l'arrangement te plaît, trace un cercle au crayon à la base de chacun. Fixe-les avec de la colle PVA à l'intérieur de leur marque, puis renforce la jointure avec du ruban-cache. Lorsque la colle est sèche, couvre de deux épaisseurs de bandelettes de papier encollé les cornes en carton, les bords de la découpe de la bouche (et des yeux si tu les as élargis), et toute la base du masque.

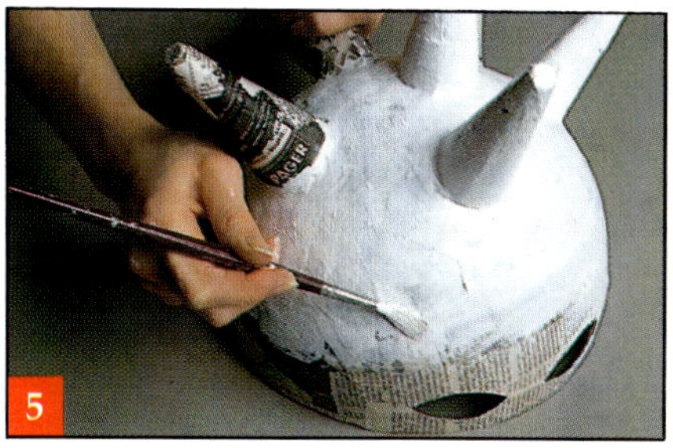

5

5 Laisse sécher pendant 24 heures. Ponce soigneusement la surface au papier de verre fin, puis applique deux couches de peinture blanche. Avant d'appliquer la seconde couche, attends patiemment le séchage de la première.

Décoration du masque

6

6 Lorsque la seconde couche de peinture blanche est sèche, dessine le décor au crayon, puis colorie à la gouache. Ici, la décoration est très simple, mais tu peux laisser aller ton imagination et créer des motifs plus fantaisistes. Laisse sécher la peinture pendant 4 heures, puis souligne les motifs à l'encre de Chine noire avec un pinceau fin. Peins les pointes à la dorure, puis laisse sécher le masque jusqu'au lendemain.

7 Il faut maintenant que tu appliques sur toute la surface du masque deux couches de vernis transparent, sauf sur les pointes dorées. Avant d'appliquer la seconde couche, attends le séchage de la première. N'oublie pas ensuite de nettoyer ton pinceau à l'eau savonneuse.

Mobile

Tous les éléments de ce mobile (des poissons évoluant gracieusement autour d'un coquillage) sont suspendus à une armature en forme de croix. C'est une belle idée de cadeau : depuis toujours les enfants et les bébés raffolent des mobiles, que l'on accroche souvent au-dessus de leur lit ou de leur berceau.
Le thème des poissons n'est qu'une suggestion et rien ne t'empêche de choisir d'autres motifs, d'autres formes, d'autres couleurs... Prends simplement soin de réaliser des objets ayant un rapport entre eux : ton mobile aura un thème, et sera plus intéressant.

MATÉRIEL

Papier-calque • Carré de carton mince (25 cm de côté) • Carré de carton épais (25 cm de côté) • Cutter ou ciseaux • Colle à papier peint ou colle PVA diluée • Papier • Colle PVA • Ruban-cache • Papier de verre fin • Gouaches • Encre de Chine noire o Vernis brillant transparent • 6 œilletons à vis • Aiguille à repriser • 115 cm de ficelle fine ou de gros fil

MODÈLE POUR LE MOBILE *(carton épais et carton souple)*

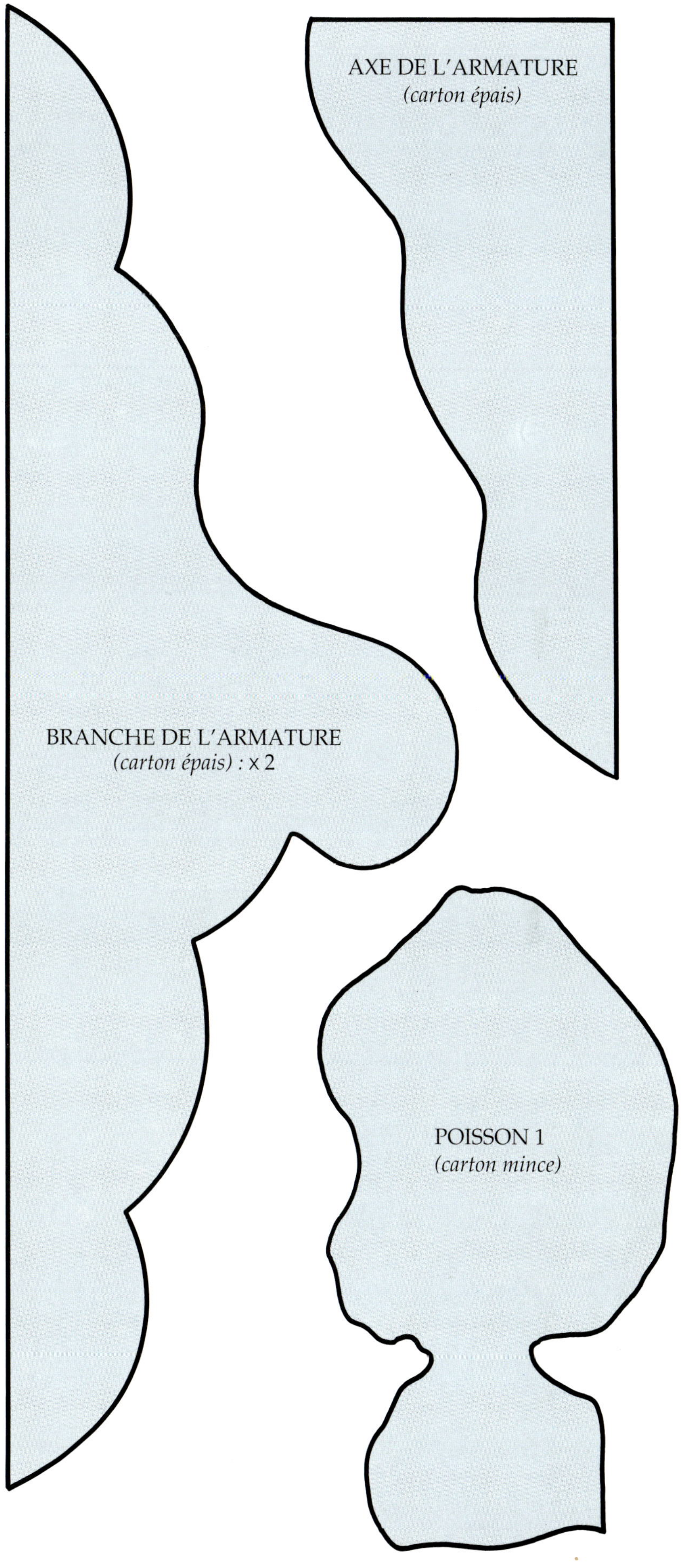

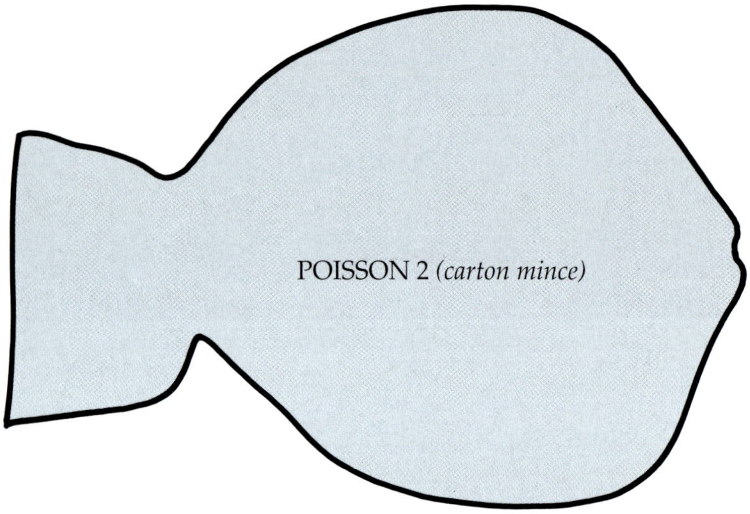

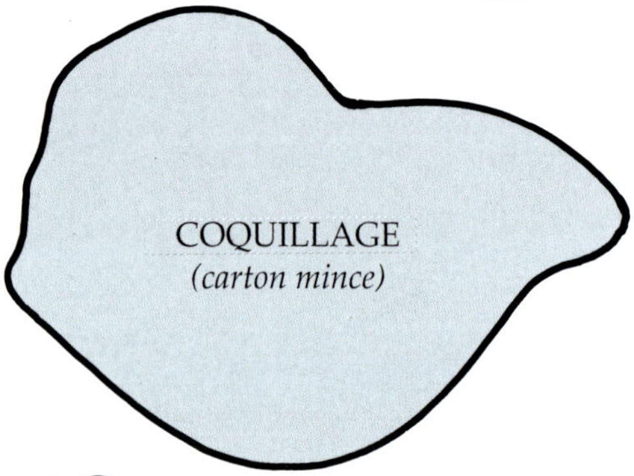

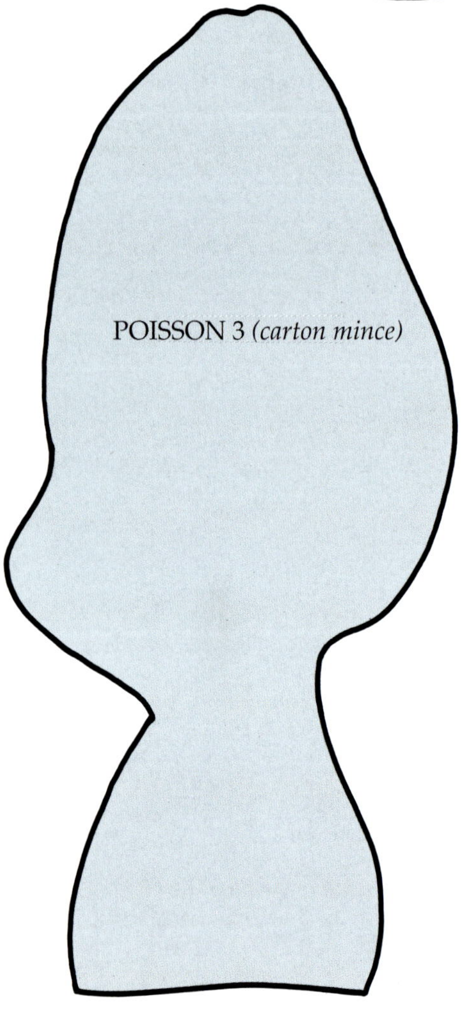

Les mobiles étant suspendus en hauteur, il est amusant de représenter des objets ou des créatures volantes (insectes, oiseaux, montgolfières), ou même des étoiles et des planètes. Mais peut-être les poissons de ton mobile sont-ils des poissons volants ?

Réalisation du mobile

1 Décalque les contours des poissons et du coquillage d'après les modèles de la page précédente et ci-contre. Reporte-les sur le carton mince. Fais la même chose pour les éléments de l'armature en croix, mais sur carton épais. Découpe toutes ces formes avec des ciseaux, ou au moyen d'un cutter (dans ce cas, **demande l'aide d'un adulte** car la lame est très coupante). Enduis toute les pièces de colle PVA diluée et laisse sécher pendant 4 heures sur une grille à gâteaux.

2 Prépare des bandelettes de papier encollé de 12 mm de large et 7,5 cm de long, et commence à recouvrir les formes en carton. Pour les poissons, 3 couches seront suffisantes. Veille à la netteté des bords pour obtenir une jolie finition. Recouvre de la même façon le coquillage et les éléments de l'armature. Laisse sécher pendant 24 heures sur une grille à gâteaux.

3 Assemble les différents éléments de l'armature en croix (observe bien la photo ci-dessus) avec de la colle PVA pure, et consolide l'assemblage avec du ruban-cache. Laisse sécher la colle pendant quelques heures, puis recouvre les jointures de minces bandelettes de papier encollé. Laisse sécher pendant 24 heures.

4 Lorsque toutes les pièces sont sèches, ponce-les soigneusement au papier de verre fin, puis applique deux couches de peinture blanche. Avant d'appliquer la seconde couche, attends patiemment le séchage de la première.

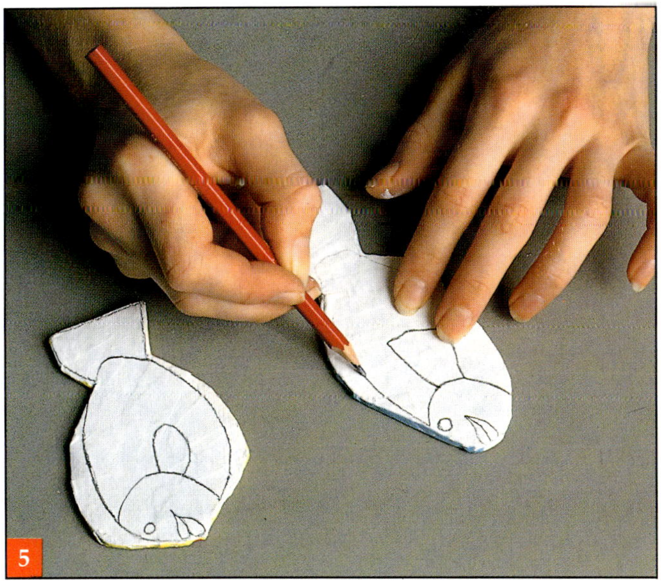

5 Dessine le décor au crayon sur les formes blanches. Essaye de donner à chaque poisson un caractère différent, le mobile en sera plus varié et attrayant. Quand tu dessineras la spirale du coquillage, n'oublie pas de faire aussi celle du sommet de l'armature en croix.

6 Peins les différentes pièces. Lorsque tu veux obtenir un effet moucheté, applique la même couleur en couches successives, mais plus claire en dessous et plus sombre au-dessus (et en laissant des ouvertures pour que le fond clair ressorte sur la surface foncée). Attends que la couche soit sèche avant d'appliquer la suivante.

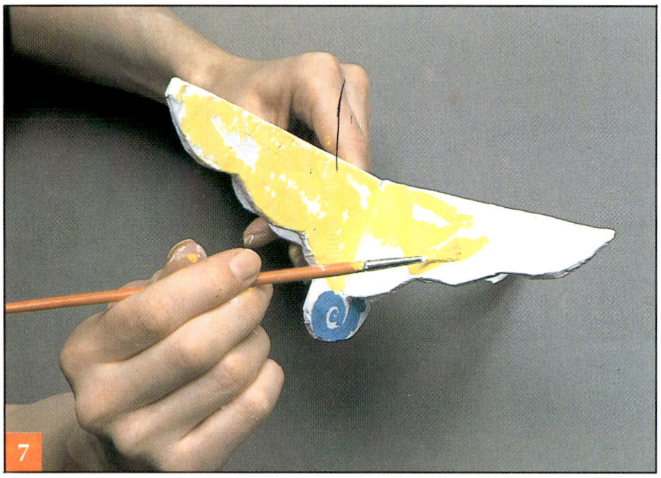

7 L'armature est très simplement décorée de différentes nuances de jaune et d'orange. Là aussi, commence par appliquer le jaune le plus clair, puis deux autres jaunes de plus en plus sombres, et finis par l'orange. Lorsque la peinture est sèche, ajoute les contours à l'encre de Chine noire.

8 Avant d'assembler le mobile, vernis toutes ses pièces. Applique deux couches, mais attends patiemment le séchage de la première avant la seconde. Lorsque tu as terminé, nettoie soigneusement ton pinceau à l'eau savonneuse.

9 Les poissons et le coquillage sont suspendus à l'armature en croix avec de la ficelle fine ou du gros fil noué à des œilletons à vis. Pour fixer ces œilletons, fais un trou avec une aiguille au sommet des poissons et du coquillage. Dépose dans le trou une petite goutte de colle PVA pure et visse délicatement l'œilleton dans le trou, comme sur la photo. Essaye de visser droit : la moindre déviation ferait ressortir la pointe de la vis sur le côté du poisson !

10 Fais un trou sous le centre de la barre cruciforme, et un trou sous chaque bras (à 1 cm de l'extrémité). Dépose une goutte de colle dans chaque trou, puis visse un œilleton. Installe également de cette façon un œilleton au sommet de la barre cruciforme : il permettra de suspendre l'armature. Ton mobile sera plus réussi si les pièces sont suspendues à des hauteurs différentes : chacune sera ainsi bien visible. Découpe donc quatre morceaux de fil ou de ficelle de longueur différente. Attache une extrémité de chaque fil à l'œilleton de l'une des pièces à suspendre, et l'autre à l'un des œilletons de l'armature. Fais des doubles nœuds pour renforcer la solidité.

11 Tu peux accrocher ton mobile. Choisis soigneusement l'emplacement et la hauteur à laquelle tu veux le suspendre. Si le mobile est destiné à un bébé ou à un jeune enfant, ne l'accroche pas trop bas, car le petit pourrait l'attraper et le mâchonner. Coupe un morceau de fil de la longueur appropriée. Attache une extrémité du fil à l'œilleton du sommet de l'armature et fais une boucle à l'autre extrémité. Il ne te reste plus qu'à installer le mobile, auquel tu peux accrocher des petites clochettes. à chaque souffle d'air, le mobile tintera délicatement...

CONSEIL...

Après avoir verni, nettoie soigneusement ton pinceau à l'eau savonneuse. Si le solvant du vernis employé est le white spirit, **demande à un adulte de t'aider.**

11

Marionnettes

Il y a plusieurs façons de fabriquer des marionnettes. Celle-ci est l'une des plus simples et des plus efficaces.

On appelle ce type les marionnettes à gaine parce qu'on les enfile comme un gant. Tu glisses le doigt du milieu dans la tête de la marionnette et les autres doigts dans les bras. Tu peux ainsi actionner ton personnage.

Pour la tête, tu fais un moule en pâte à modeler que tu recouvres ensuite de papier mâché. Après séchage, tu coupes la tête en deux, puis tu retires la pâte à modeler. Tu recolles ensuite les deux moitiés de tête en papier mâché. Tu peux ajouter certains détails avec de la pâte à papier.

MATÉRIEL
Pâte à modeler (environ 500 g par tête de marionnette) • Outils pour modelage (ou équivalents) • Papier • Colle à papier peint ou colle PVA diluée • Cutter • Couteau-scie • Couteau à palette • Colle PVA • Ruban-cache • Papier de verre fin • Gouaches • Encre de Chine noire • Vernis brillant transparent • 2 carrés de feutrine (23 cm de côté) par marionnette, et quelques chutes pour les mains • Papier-calque • Épingles à tête plastique • Aiguille et fil de coton • Galon décoratif (70 cm par marionnette) • Colle forte transparente

Modèles pour les marionnettes

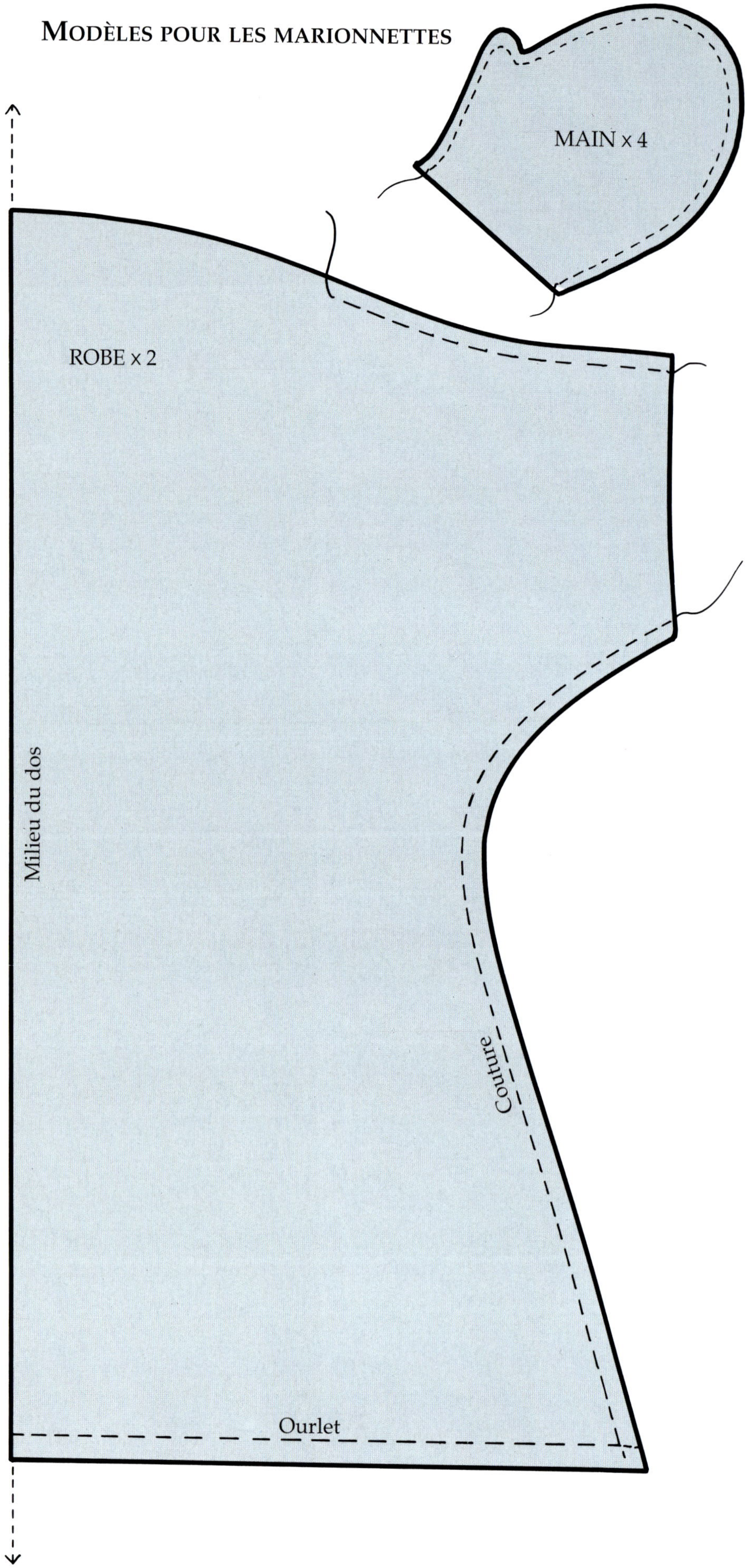

Il faut peindre le visage de la marionnette en exagérant les couleurs et les traits. S'il s'agit d'un personnage joyeux, peins un visage gai et éclatant. S'il s'agit d'un roi ou d'une reine, donne-lui un air majestueux ou hautain. N'oublie pas que le spectateur est parfois assez éloigné de la marionnette, notamment lorsque tu la places dans un théâtre de marionnettes : c'est pour cette raison que l'on exagère les traits du visage.

Les modèles que nous te proposons portent des robes de couleurs vives, ornées de galon doré. Rien ne t'empêche d'inventer d'autres tenues, avec de beaux tissus, des paillettes, de la fausse fourrure, etc. Tu peux faire les coutures à la main ou à la machine.

2 Pour obtenir des formes précises, utilise de petits morceaux de papier de la taille de timbres-poste. Après avoir recouvert la pâte à modeler de 8 couches de papier encollé, laisse sécher la tête sur une grille à gâteaux. Le séchage peut prendre jusqu'à 4 jours, mais dans un endroit chaud 48 heures suffiront peut-être. Lorsque l'extérieur est sec, ouvre la tête en deux et retire la pâte à modeler. Demande l'aide d'un adulte pour faire une entaille droite au cutter tout autour de la tête, dans le sens de la hauteur. Ce n'est pas grave si la coupure traverse le nez ou les oreilles, il faut seulement qu'elle soit bien nette. Lorsque le papier mâché est entaillé, termine la coupe avec un couteau-scie (un couteau à pain par exemple), avec lequel tu couperas plus facilement la pâte à modeler.

Réalisation des marionnettes

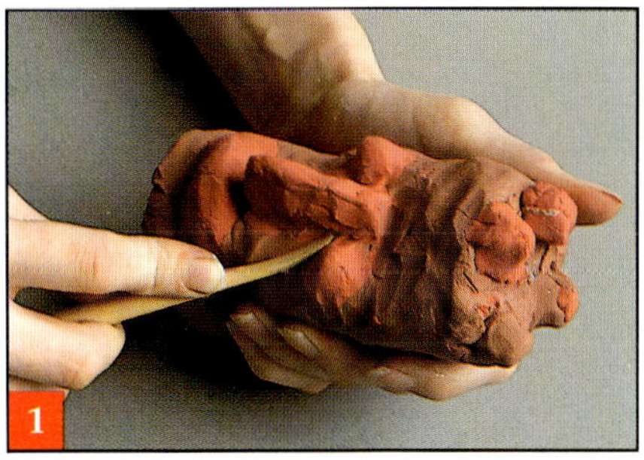

1 Prépare de gros blocs de pâte à modeler hauts de 10 cm et larges et profonds de 7 cm. Commence à modeler les traits du visage. Essaie d'être aussi précis que possible, mais ne t'embarrasse pas à faire trop de détails. En effet, ils disparaîtront lorsque la pâte à modeler sera recouverte de papier mâché. N'oublie pas que tu peux ajouter des reliefs en pâte à papier par-dessus le papier mâché.

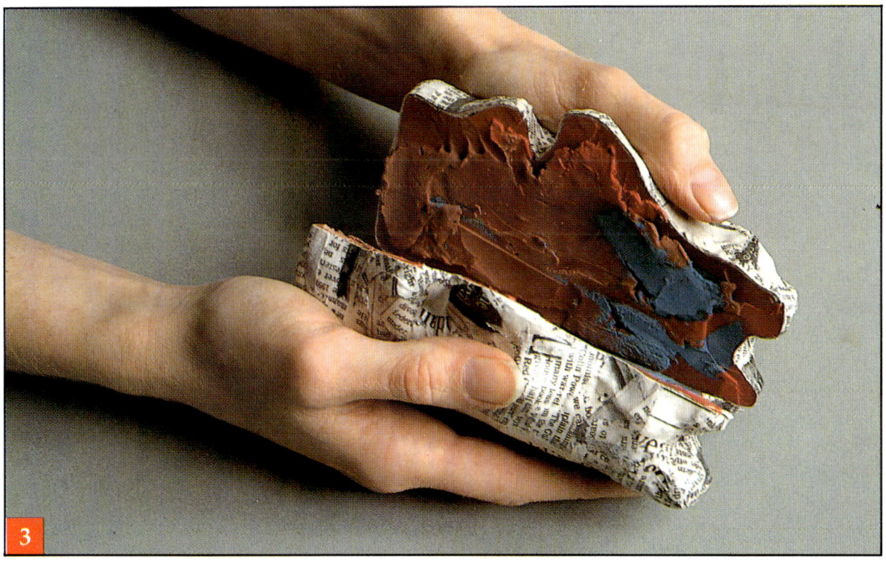

3 Lorsque les deux moitiés de la tête sont séparées, laisse sécher pendant 1 ou 2 heures pour que l'intérieur des bords ait le temps de se solidifier et ne soit pas trop fragile. Lorsque le papier mâché a suffisamment durci, glisse délicatement la lame d'un couteau à palette entre le bord de la tête et la pâte à modeler. Enlève méthodiquement et délicatement la pâte à modeler, puis laisse sécher les deux coques en papier mâché pendant 2 à 3 heures.

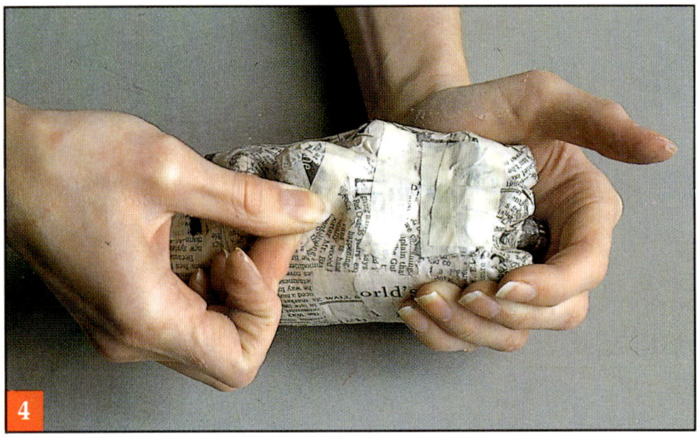

4

4 Il faut maintenant que tu réunisses les deux moitiés de la tête. Dépose un filet de colle PVA sur le bord de chaque moitié et assemble-les. Consolide avec du ruban-cache. Si la jointure n'est pas très bien faite, une ligne en relief restera visible sur la tête de la marionnette, et ce ne sera pas joli. Laisse sécher la colle pendant 1 heure, puis recouvre la jointure de deux couches successives de petits morceaux de papier encollé.

5

5 Tu peux à présent ajouter, si tu le désires, certains détails en pâte à papier : la barbe du roi, par exemple, ou la couronne de la reine. Prépare de longues bandelettes de papier et imbibe-les de colle à papier peint ou de colle PVA diluée. Roule-les en petites boulettes entre tes doigts, tout en essorant l'excédent de colle. Applique et modèle la pâte directement sur la tête de la marionnette. Laisse sécher pendant 24 heures. Lorsque les détails en relief ont séché, recouvre-les de petits morceaux de papier encollé, puis laisse sécher.

6 a

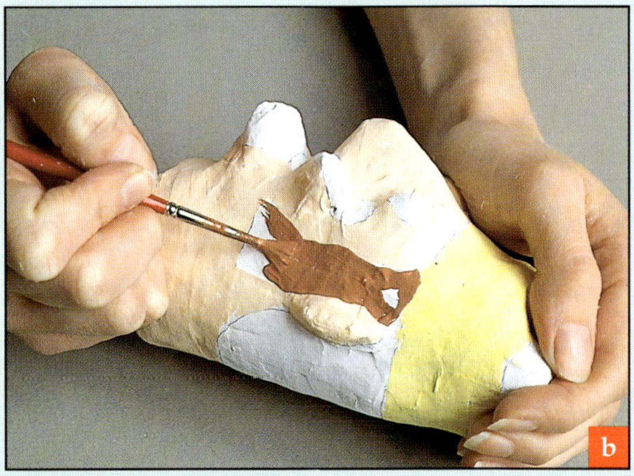

b

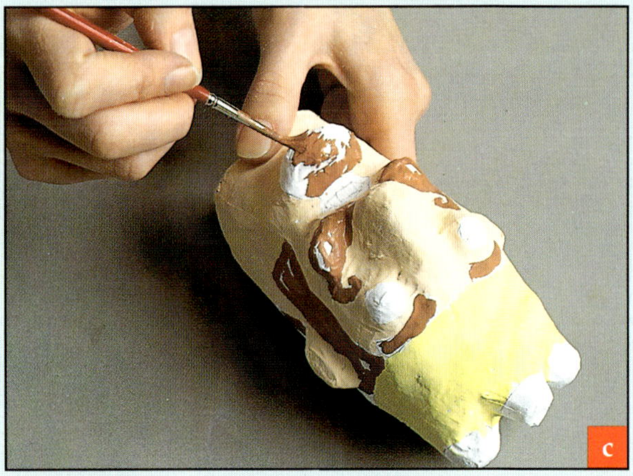

c

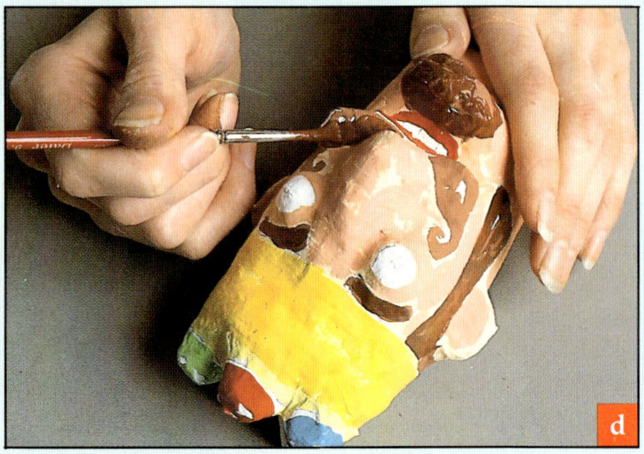

d

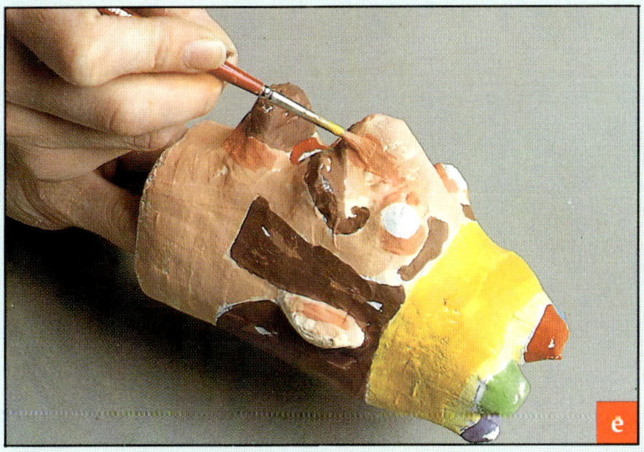

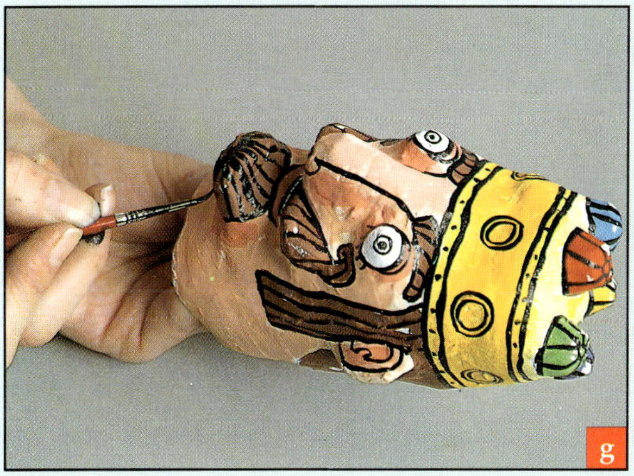

6 Lorsque la tête est sèche, ponce-la soigneusement au papier de verre fin, puis applique deux couches de peinture blanche. Dessine les traits de la marionnette au crayon, puis colorie à la gouache. Laisse sécher pendant 4 heures, puis souligne les contours à l'encre de Chine noire.

Peinture de la tête

7 Laisse sécher jusqu'au lendemain, puis applique deux couches de vernis transparent. Avant d'appliquer la seconde couche, attends le séchage de la première. Après avoir verni, nettoie ton pinceau à l'eau savonneuse.

Le vêtement de la marionnette

8 Décalque le patron de la robe page 90. Découpe la forme décalquée et épingle-la sur une double épaisseur de feutrine (ces deux épaisseurs superposées te permettront de fabriquer en même temps le devant et le dos de la robe). Découpe soigneusement la feutrine, puis retire les épingles. Épingle les deux côtés de la robe face à face et couds-les ensemble à la main, où à la machine si tu peux te faire aider par un adulte. Fais la couture à 5 mm du bord. Ne couds pas tout de suite le col. Mesure d'abord le tour de cou de la tête en papier mâché, puis ferme le col de façon à l'ajuster étroitement au cou.

9 Décalque la forme de la main page 90. Découpe la forme décalquée et épingle-la sur un morceau de feutrine. Découpe 4 formes de main et couds-les deux par deux, en laissant une marge de 5 mm entre le bord et la couture. La couture restant visible, fais-la très soigneusement. Retourne la robe, puis découpe des morceaux de galon. Couds-les autour des manches et à la base de la robe.

10 Introduis les mains dans les manches. Maintiens-les en place au moyen de quelques épingles, puis couds-les aux manches. Retire ensuite les épingles.

11 Glisse la tête en papier mâché dans le col de la robe pour vérifier qu'elle est bien maintenue. Retire-la, puis dépose un peu de colle forte transparente autour du cou et à l'intérieur du col. Laisse sécher quelques instants, puis assemble définitivement les deux éléments. Laisse sécher de nouveau, puis colle par-dessus la jointure un morceau de galon. Laisse sécher la marionnette jusqu'au lendemain.

Tout le monde aime les spectacles de marionnettes, peut-être parce que la vie est souvent une « comédie » !

Objets en papier mâché insolites

Miroir, par SANDY ENNIS, de SURFACE SOLUTIONS

Papier coloré fait main sur support en bois.

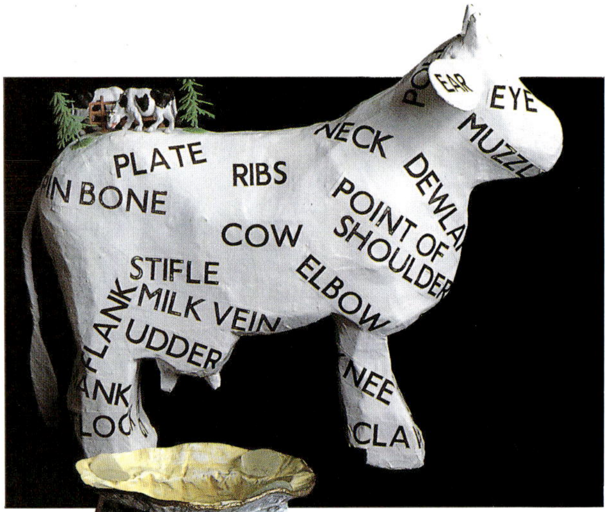

Vache, par FREDDIE ROBINS

Papier mâché sur armature en polystyrène.

Urne en papier mâché, par JACQUELINE SHELTON

Façonnée à la main e
t décorée d'un l
avis bleuté.

Chat tatoué, par MARION ELLIOTT

Papier mâché sur armature en polystyrène, avec décoration à la gouache et à l'encre de Chine noire et finition au vernis transparent.

James, par SHEENA VALLELY, AKA "Dirty Dog"

Papier journal sur armature de fil de fer et décoration à la peinture acrylique.